KT
Kaiser Taschenbücher
128

Frank Crüsemann

Bewahrung der Freiheit

Das Thema des Dekalogs
in sozialgeschichtlicher Perspektive

Chr. Kaiser

Die Deutsche Bibliothek – CIP-Einheitsaufnahme

Crüsemann, Frank:
Bewahrung der Freiheit: das Thema des Dekalogs
in sozialgeschichtlicher Perspektive / Frank Crüsemann. –
Gütersloh: Kaiser, 1993
(Kaiser-Taschenbücher; 128)
ISBN 3-579-05128-8
NE: GT

ISBN 3-579-05128-8

Umschlaggestaltung: Ingeborg Geith, München, unter Verwendung einer Seite aus der sogenannten »Alba-Bibel«, die Rabbi Moses Arragel 1422 aus dem Hebräischen ins Spanische übersetzte. Hier: Moses steigt mit den Tafeln den Berg hinunter.

Gesamtherstellung: Clausen & Bosse, Leck
Gedruckt auf chlorfrei gebleichtem Werkdruckpapier
Printed in Germany

Inhalt

Einleitung*

Es kann kaum einen Zweifel daran geben: Der Dekalog hat Hochkonjunktur in unseren Tagen. Kaum noch zu überblicken sind die vielen und vielgestaltigen Versuche, ihn zu aktualisieren und mit seiner Hilfe Orientierung in der verwirrenden Gegenwart zu gewinnen. Der Film, das Fernsehen, die Boulevardpresse haben sich seiner angenommen. Er wird plakatiert und in Erzählungen umgesetzt. Allein im engeren Bereich der Theologie zähle ich seit 1970 über 40 deutschsprachige Auslegungen aus allen Konfessionen, von denen nur einige hier genannt werden sollen. Da sind Predigt-[1] und Meditationsreihen[2], da sind allgemeinverständliche Auslegungen mit ethischen[3] oder stärker exegetischen[4] Akzenten. Da finden sich mehrere Versuche, einen Gesamtentwurf christlicher Ethik auf ihm aufzubauen[5]. Da gibt es kirchenoffizielle Dokumente, wovon vor allem die gemeinsame Erklärung des Rates der Evangelischen Kirche in Deutschland und der Deutschen Bischofskonferenz von 1979 zu nennen ist, die aus ihm sogar »Grundwerte« für unsere Gesellschaft gewinnen will.[6] Was in der Rezeptionsgeschichte des Dekalogs im Judentum[7], vor allem aber in der Kirche und ihrer Katechismustradition[8] seit langem angelegt ist, wird hier – auffallend verstärkt – fortgeschrieben.

Bei all dem ist die durchgängige und unbestrittene Voraussetzung, daß im Dekalog wie sonst nirgends – auch nicht in der Bergpredigt – die Summe biblischer und damit der Ansatzpunkt christlicher Ethik zu finden ist und daß er von seinem Ursprung her auf überzeitliche Allgemeingültigkeit zumindest angelegt ist. Und in der Tat: In seiner thematischen Weite, seiner prägnanten Formulierung der Einzelgebote wie ihrem allgemeingültigen Inhalt, in seiner auf Didaktik zielenden Reihung zur Zehnzahl kommt ihm kein

anderes Dokument gleich; dazu kommt die eindeutige Sonderstellung im alttestamentlichen Kontext. Das hat seine Rezeptionsgeschichte bestimmt bis hin zu den bekannten Versuchen, ihn als Ausdruck eines Naturrechts zu verstehen, als »die Quintessenz des Menschenanstandes« (Thomas Mann).[9] Und gerade auch in der exegetischen Fachliteratur findet sich nahezu durchgängig die Behauptung, der Dekalog sei auf Universalität angelegt, wolle seiner Intention nach alle Lebensgebiete abdecken, sei eine Art Konzentrat der alttestamentlichen Ethik. So schreibt ihm, um nur eine Äußerung anzuführen, Rudolf Smend »hohe Allgemeingültigkeit und vielseitige Anwendbarkeit« zu, womit »offenkundig . . . auf die Totalität des menschlichen Lebens gezielt« sei. »Der Dekalog geht aufs Ganze.«[10]
Demgegenüber muß mit der Feststellung eingesetzt werden: Der Dekalog kann *nicht* als Zusammenfassung alttestamentlicher oder gar biblischer Ethik gelten. Und ich möchte die Frage stellen, ob er es seiner eigenen Intention nach überhaupt sein will. Trotz seiner unbezweifelbaren Tendenz, umfassend und allgemeingültig zu reden, fehlen nämlich in ihm wichtige, ja zentrale Themen alttestamentlicher Ethik. Und sogar manche Probleme, die für jedes menschliche Zusammenleben konstitutiv sind, werden überhaupt nicht angesprochen. Dieses Fehlen wichtiger Grundfragen hat bei der zentralen Rolle des Dekalogs einen nicht zu unterschätzenden Einfluß auf christliche Normenbildung, kirchliche Unterweisung und daran orientiertes faktisches Verhalten gehabt. Gerade weil meist wie selbstverständlich angenommen wird, daß er der Intention nach alle Lebensgebiete anspreche, ist es wichtig, sich zunächst klarzumachen, welche Themen ganz fehlen. Manches davon ist, jeweils zeit- und interessegebunden, in der Auslegungs- und Verwendungsgeschichte in ihn hinein- und aus ihm herausgelesen worden.
Es fehlen zunächst alle für das alte Israel so wichtigen Taburegeln. Dazu gehört die Enthaltung von bestimmten

Speisen, besonders von Blutgenuß, was von den sogenannten noachitischen Geboten (Gen 9,4ff) bis hin zum Aposteldekret (Apg 15,20.29; 21,25) eine bedeutende Rolle spielt. Dazu gehören aber auch alle Fragen von rein und unrein und nicht zuletzt das so zentrale Verhalten gegenüber dem Tod. Schließlich sind hier auch alle Sexualtabus zu nennen, verbotene Verwandtschaftsgrade etwa oder bestimmte sexuelle Praktiken. Diese für jedes menschliche Zusammenleben wichtigen Regeln können keineswegs als durch das Ehebruchsverbot abgedeckt gelten, das einem demgegenüber sehr engen Problemfeld gilt.
Sodann fehlt im Dekalog der gesamte Bereich des Kultes und überhaupt jede positive Ausgestaltung von Religion und Gottesbeziehung. Der Sabbat tritt gerade nicht als Gebot eines bestimmten gottesdienstlichen Verhaltens auf. Keinesfalls aber kann er stellvertretend für all das andere stehen: Opfer, Erstlinge, Zehnte, Feste, Wallfahrten etc. Und wie stark bestimmen solche Regulierungen die Gesetzessammlungen des Alten Testaments mit! Zu denken ist aber auch an Gebet und Gotteslob, an Klage und Dank. Gerade die sogenannte 1. Tafel des Dekalogs enthält ausschließlich negative Bestimmungen.
Weiter fehlt im Dekalog jeder Bezug auf die Bereiche der Ökonomie und des Staates, und das sind doch Dinge, die jedes Leben entscheidend mitprägen. So kommt das Verhalten zum König und seinen Beamten nicht vor; Luther hat es bekanntlich in seine Auslegung des Elterngebotes hineingebracht. Nicht berührt werden Fragen von Steuern, Abgaben, Fronarbeit etc. Staatstreue läßt sich mit ihm nicht begründen. Besonders auffällig ist, daß auch Probleme wie Krieg und Kriegsdienst, ja überhaupt Außenpolitik nicht berührt werden. Ersterer ist im Tötungsverbot nicht angesprochen. Und das Verhalten zu anderen Völkern, insbesondere zu Großmächten, hätte doch – so könnte man denken – vom Eingang mit seinem Verweis auf den Exodus her durchaus nahegelegen. Man denke nur

daran, welche Rolle gerade auch in theologischer und religiöser Hinsicht solche Probleme in der Prophetie eines Jesaja oder Jeremia spielen. Man kann mit einiger Wahrscheinlichkeit vermuten, daß gerade das Fehlen dieser Bereiche den Möglichkeiten, christliche Ethik eher privatistisch und individualistisch auszurichten, nicht unwesentlich Vorschub geleistet hat. Aber auch die Ökonomie fehlt, wobei nur an das für die – sonst in mancher Hinsicht verwandten – Proverbien so wichtige Thema von Fleiß und Faulheit erinnert sei.[11]

Schließlich und als Wichtigstes fehlt das für die Rechtsbücher, aber auch für Weisheit und Prophetie – also für die alttestamentliche Ethik überhaupt – so zentrale und typische Thema des Verhaltens gegenüber Personen minderen Rechts, Randgruppen und Unterprivilegierten, das Eintreten für Leben und Recht von Witwen und Waisen[12], Fremden[13] und Armen[14], Tauben und Blinden.[15] Einzig die Fremden werden bei der Sabbatruhe miterwähnt (Ex 20,10). Dieser Grundzug biblischer Ethik ist ja tief in der Gottesvorstellung verankert.[16] Und sein Fehlen im Dekalog ist deshalb besonders auffällig, weil er in den Rechtsbüchern immer wieder mit dem Verweis auf die Knechtschaft in Ägypten und die Befreiung daraus im Exodus begründet wird (vgl. bes. Ex 22,20; 23,9; Dtn 16,11f; 24,17f. 21f; Lev 19,33f). In aktualisierenden Auslegungen, erst recht bei der Suche nach gesellschaftlichen »Grundwerten« mit Hilfe des Dekalogs macht sich das Fehlen dieses ganzen Themenbereichs deutlich und störend bemerkbar. Solches Verhalten gehört dann offenbar nicht zum Kernbereich christlicher Ethik. Die Lücken werden in vielen Fällen eher unbiblisch geschlossen.

Nein, so umfassend und allgemeingültig der Dekalog anscheinend auch redet, er deckt keineswegs alle Bereiche des Lebens und alle Grundthemen biblischen Rechts und biblischer Ethik ab. Und er will es offenbar auch gar nicht. Formulierungen wie die, daß in ihm »das Ethos Israels als eine Einheit zur Darstellung gebracht« wird, und er also »das Vielerlei israelitischer Überlieferung auf das Wesentliche reduziert«[17], entbehren jeder Begründung und erweisen sich als unbewiesene und unbeweisbare Behauptungen – mit unabsehbaren Folgen.

Was aber ist dann die Absicht seiner Zusammenstellung? »Nach welchen Gesichtspunkten wurden die Sätze des Dekalogs ausgewählt, und warum *gerade diese?*« »Was aber ist, mehr von innen gesehen, das Prinzip, durch das die Einzelgebote einsichtig werden?« – so lauten die entsprechenden Fragen bei Schüngel-Straumann.[18] Schon Martin Buber fragte: »Warum enthält der Dekalog eben diese Sätze, diese und keine anderen, nicht mehr und nicht weniger? . . . und wo wäre . . . das Prinzip zu finden, von dem aus dieser Zusammenschluß geschah?«[19]

Das Gewicht dieser Fragen verschärft sich noch, wenn man sie auf dem Hintergrund der *theologischen Funktion der Gebote* im Dekalog sieht. Sowohl der Kontext, in dem der Dekalog im Alten Testament erscheint, als auch sein Prolog – mit Selbstvorstellung und Namensnennung Gottes, der Zuwendung durch »dein Gott« und dem Hinweis auf die Rettungstat des Exodus – lassen exegetisch eindeutig erkennen, daß eine bestehende Gottesbeziehung vorausgesetzt wird und die Gebote nur innerhalb dieser Beziehung Gültigkeit haben. Das hat schon die rabbinische Auslegung mit Nachdruck festgehalten:

»Warum wurden die Gebote nicht bereits am Anfang der Torah gesprochen? Die Antwort auf diese Frage läßt sich durch ein Gleichnis geben: Es kam einmal ein Mann in eine Provinz und sagte zu den Einwohnern: »Ich will euer König sein.« Da antworteten die Einwohner: »Hast du denn etwas Gutes getan, das dich berechtigen würde, unser König zu sein?« Was tat er? Er baute ihnen eine Mauer. Er errichtete ihnen eine Wasserleitung. Auch führte er Kriege für sie. Dann sprach er wieder: »Ich will euer König sein.« Jetzt antworteten die Einwohner: »Ja, ja!« – So tat auch der

Allgegenwärtige. Er führte Israel aus Ägypten, spaltete für sie das Schilfmeer, ließ ihnen Manna vom Himmel fallen, ließ den Brunnen in der Wüste aufsprudeln, führte ihnen die Wachteln zu und Er stritt für sie wider Amalek. Erst danach sprach er zu ihnen: »Ich will euer König sein.« Und darauf antworteten sie: »Ja, ja!«[20]

Das hat auch Martin Luther gesehen. Am deutlichsten vielleicht in seinen »Glossen zum Dekalog« von 1530, wo er zum Prolog anmerkt: »Promissio omnium promissionum fons & omnis religionis & sapiencię caput, Euangelium Christum promissum complectens.«[21]

Exegetisch begründet und durchgesetzt haben ein derartiges Verständnis des Dekalogs – wie aller vorexilischen Gesetze Israels – vor allem die Arbeiten M. Noths[22] und G. v. Rads. Meist auf dem Hintergrund einer umfassenden Bundestheologie formuliert, aber der Sache nach auch ohne diese Voraussetzung gültig, wurde hier nachgewiesen, daß »auf keinen Fall . . . diese Gebote dem Bund in einem konditionalen Sinne vorgeordnet« waren, »als hinge das Inkrafttreten des Bundes überhaupt erst von dem geleisteten Gehorsam ab. Die Dinge liegen vielmehr genau umgekehrt: Der Bund wird geschlossen, und mit ihm vernimmt Israel die Offenbarung der Gebote.« Für den Dekalog gilt weiter: Zu einem »›Gesetz‹ im engeren Sinne des Wortes, zu einer Anweisung zum moralischen Leben, fehlt dem Dekalog das Wichtigste: die positive Füllung, ohne die sich ein Gesetz nicht wohl denken läßt . . . er begnügt sich damit, gewissermaßen an den Rändern eines weiten Lebenskreises Zeichen aufzustellen, die der zu achten hat, der Jahwe angehört.« Soweit die Formulierungen G. v. Rads[23] – sie sind in der Sache heute unbestrittenes und unbestreitbares Gemeingut der Dekalogforschung und haben der Ausgangspunkt zu sein für jede theologische Einordnung und Bewertung. Nur vom befreienden Gott des Exodus her lassen sich die Gebote sachgemäß verstehen, als Weisungen zum Leben. Das Heil ist gegeben, es kann aber verspielt werden.

Besonders eindrucksvoll hat etwa J. M. Lochman diese Struktur und ihre Bedeutung für jede heutige Aufnahme der Gebote und für biblische Ethik überhaupt herausgestellt: Es geht um »Bewahren und Bewähren des Bundes«, der in der »Freiheitsgeschichte des Exodus gestiftet« ist.[24] Eine ganze Reihe neuerer Arbeiten zum Dekalog macht schon allein durch Aufnahme des Begriffs »Freiheit«[25] die Übereinstimmung mit diesem Grundverständnis des Dekalogs deutlich.
Nur: Wie verträgt sich dieser Ansatz mit dem Anspruch auf universale Geltung? Und vor allem: Wieso ergibt sich dabei eigentlich diese Auswahl von Geboten? Was haben z. B. das Ehebruchsverbot oder das Elterngebot mit dem Exodus zu tun? Warum fehlt das vom Prolog her so naheliegende Thema des politischen Verhaltens gegenüber Großmächten, besonders aber gegen Unterdrückte und Schwache? Handelt es sich trotz des Prologs und dem damit gesetzten Bezug auf den befreienden Gott und die Freiheit der Angeredeten um eine letztlich unbegründete und unbegründbare autoritäre Setzung? Oder läßt sich vom Prolog her auch die innere Struktur, die inhaltliche Auswahl und die Anordnung der Einzelgebote verständlich machen?
Das sind die Fragen, um die es im folgenden gehen soll. Wie schon angedeutet, sind sie in der Forschung immer wieder aufgeworfen worden. Aber die Antworten bleiben recht vage und unbestimmt. Die angebliche Vollständigkeit der Lebensgebiete wird, soweit ich sehe, nur behauptet. Meist tauchen an dieser Stelle Begriffe wie Sittlichkeit und Gerechtigkeit auf.[26] Doch gelten sie ja höchstens für die zweite Tafel und auch da liegt die Vermutung nahe, daß derartige Begriffe letztlich *an* diesem Dokument und seiner Rezeptionsgeschichte orientiert sind, ihm aber kaum historisch und sachlich vorgegeben waren.
Da der Dekalog ein überaus reflektierter und bewußt komponierter Text ist, wird man derartige Fragen nicht nur stellen müssen, sondern – historisch und methodisch gesehen –

auch stellen bzw. eine Antwort erwarten dürfen. Das liegt gerade auch von anderen Reihungen apodiktischer Gebote her nahe. Denn diese haben vielfach ein recht klar erkennbares Thema und damit Auswahlprinzip. Das sind im Fluchdodekalog von Dtn 27 im Verborgenen begangene Verbrechen, in Lev 18 verbotene sexuelle Beziehungen zu weiblichen Verwandten.

So geht es inhaltlich im folgenden um die Frage nach dem *Thema des Dekalogs* und damit das exegetische Problem seiner inneren Einheit. Die Frage entscheidet sich an dem Verhältnis von Prolog und Einzelgeboten. *Methodisch* versuche ich zu einer Antwort zu gelangen mit Hilfe einer *sozialgeschichtlichen Interpretation,* indem ich nämlich genauer nach den im Dekalog Angeredeten frage und dann konsequent versuche, das gesamte Dokument auf sie zu beziehen. Der Ansatz beim Adressatenkreis liegt in diesem Falle besonders nahe, weil er präzis und mit weitgehender Eindeutigkeit zu erkennen ist. Das ist bei dem in der Forschung so viel verhandelten Problem des Träger- und Verfasserkreises sehr viel weniger der Fall. Hier kommt man, zumal wenn man beim Dekalog bleibt und nicht die gesamte Rechtsüberlieferung mit einbezieht, über relativ vage Vermutungen nicht hinaus. Zudem sind ältere Auffassungen[27] durch die Arbeiten der letzten Jahre und die veränderte Diskussionslage in der alttestamentlichen Wissenschaft insgesamt noch fraglicher geworden.[28] Mehr, als daß der Dekalog im Rahmen regelmäßiger, mehr oder weniger kultischer Begehungen gelebt und Gestalt gewonnen hat, kann man mit wirklicher Sicherheit nicht sagen. Immerhin sollte man aber soviel als ein sicheres Minimalergebnis der vielen formgeschichtlich orientierten Arbeiten doch mit Nachdruck festhalten, auch gegen wiederholte neuere Versuche, selbst darauf zu verzichten und den Dekalog – mit einem methodischen Rückschritt ins 19. Jahrhundert – als Ergebnis rein literarischer Produktivität zu verstehen.[29]

Um den angedeuteten methodischen Weg beschreiten zu können, frage ich zunächst nach der Zeit des Dekalogs (I.). Von da aus versuche ich, die Adressaten zu bestimmen (II.) und zu erfragen, was insbesondere der Prolog für sie konkret bedeutet (III.). In einem vierten Teil gehe ich dann die einzelnen Gebote mit der Frage durch, was sie für die Adressaten besagen und wie ihre sachliche Beziehung zum Prolog zu bestimmen ist (IV.). Abschließend versuche ich Folgerungen zu ziehen, die aufgeworfenen Fragen zu beantworten und – jedenfalls umrißhaft – die Konsequenzen für eine gegenwärtige Dekalogrezeption zu benennen (V.).

I. In welcher Zeit ist der Dekalog entstanden?

Sozialgeschichtliche Interpretation kann andere exegetische Fragestellungen und Methoden ergänzen, vielleicht korrigieren, nicht aber ersetzen. So setzt sie eine möglichst genaue *Datierung* der Texte voraus, und zwar möglichst unabhängig von jeder sozialgeschichtlichen Erwägung, denn natürlich hat ein Dokument wie der Dekalog einen entscheidend anderen sozialen Sinn ob er Nomaden gilt oder vorstaatlichen Bauern, den Untertanen eines Königreiches oder verzweifelten Exulantengruppen.

Nun ist eine Datierung vor der Landnahme, in nomadischem Milieu, wie es dem jetzigen alttestamentlichen Zusammenhang entsprechen würde, für den heute vorliegenden Dekalog mit Sicherheit auszuschließen. Denn er redet ja von Häusern, Feldern, Äckern, Rindern etc., setzt also Landwirtschaft treibende und damit seßhafte Bauern voraus. Die lange Zeit verbreitete Datierung in die vorstaatliche Zeit Israels, in die Richterzeit zwischen Landnahme und Königtum, kann sich heute jedenfalls nicht mehr auf das ihr – oft unausgesprochen – wichtigste zugrundeliegende Argument berufen: die traditionelle Datierung der Pentateuchquellen, besonders des »Elohisten« (E). Der Dekalog wurde vielfach als Teil von ihm angesehen.[30] Und wenn diese Quelle in die frühe oder mittlere Königszeit gehört und bei ihrer Entstehung ein für sie altes und ihr vorgegebenes Dokument aufnimmt, dann muß es eben vor dieser Periode entstanden sein.[31] Nun ist aber die Zugehörigkeit zu dieser Quelle bereits sehr unwahrscheinlich, das hat schon M. Noth gesehen.[32] Heute sind darüber hinaus diese Quellen selbst sowohl im Blick auf ihre traditionelle Datierung als auch generell in ihrer Existenz in Frage gestellt.[33] Hier kann also der Ausgangspunkt für eine Datierung des Dekalogs nicht liegen. Der Text muß aus sich selbst heraus datiert werden, d. h. durch einen Vergleich mit anderen Texten.

Nun gibt es eine ganze Reihe von neueren Arbeiten zum Dekalog und zum alttestamentlichen Recht, deren Ergebnisse in eine bestimmte Richtung konvergieren. Sie sollen im folgenden in aller Kürze in ihren hier wichtigen Ergebnissen aufgegriffen werden und lassen einen, wie ich meine, sicheren zeitlichen Rahmen für die Entstehung des Dekalogs erkennen. Unabhängig voneinander weisen viele Beobachtungen darauf hin, daß der Dekalog eine *Spätform* ist, daß er keinesfalls am Anfang der Geschichte Israels gestanden haben kann. Zunächst lassen Form- und Traditionsgeschichte eine *relative Chronologie* erkennen.

Da die Sprache der jetzt vorliegenden Dekalogfassung ganz unbezweifelbar späte, nämlich deuteronomische Züge trägt (s. u.), ist die wichtigste Möglichkeit, dennoch mit einem sehr viel älteren Kern zu rechnen, die Rekonstruktion von Vorformen, vor allem eines »Urdekalogs«. Dabei versucht man, unter Abstreichung späterer Zusätze und Überformungen die ursprüngliche Reihe von 10 Geboten wiederherzustellen.[34] Doch müssen alle derartigen Versuche einschließlich des allerneuesten von Lemaire[35] als gescheitert gelten. Da sie zu viele unbeweisbare und unwahrscheinliche Annahmen machen müssen, sind sie prinzipiell methodisch nicht zu verantworten.[36] Nach Analogie anderer alttestamentlicher Gebotsreihen, vor allem Lev 18, stellt man sich eine ursprüngliche Reihe meist nur aus gleichgebauten, d. h. gleich langen und ähnlich formulierten Geboten bestehend vor. Um das zu erreichen, müssen im Vergleich mit dem heutigen Text die beiden positiv formulierten Gebote (Sabbat und Eltern) in negative umgewandelt werden, müssen die objektlosen Kurzgebote (Töten, Ehebrechen, Stehlen) durch Zufügung eines Objektes ergänzt werden (z. B. »Nächster«), muß im 1. Gebot die deuteronomische Formulierung »andere Götter« geändert werden usw. usw.[37]

Man sieht, es sind viele Eingriffe nötig, um das Ideal eines »Urdekalogs« zu erreichen. Und die dazu nötigen Annahmen sind willkürlich, ohne jeden Anhalt am Text, ohne innere Notwendigkeit. Außer der vorausgesetzten Annahme, es *müsse* derartiges gegeben haben, spricht nichts dafür.

Die unterschiedliche Formulierung der Gebote im Dekalog – lange und kurze, negative und positive – läßt sich mit G. Fohrer viel eher so erklären, daß »er keine ursprüngliche und in sich geschlossene Reihe bildet, sondern aus Sätzen zusammengestellt ist, die drei ursprünglichen Reihen angehört haben«[38]. Überhaupt sind Reihen von drei oder vier Geboten viel häufiger und wohl auch älter, Zehner- und Zwölfer-Reihen sind eher die Ausnahme.[39] Der Dekalog nimmt also Material aus mehreren älteren, ihm vorgegebenen Reihen auf, wählt das für ihn Wichtigste aus ihnen aus und vereinigt es unter einem – welchem? – Prinzip. Das zeigt sein relativ junges Alter.

In eine ähnliche Richtung wie diese formgeschichtliche Untersuchung des Gesamtdekalogs weisen traditionsgeschichtliche Beobachtungen zu jedem einzelnen der Gebote. W. H. Schmidt hat gezeigt, daß die Dekalogformulierungen jedes einzelnen eine Spätfassung darstellt.[40] Andere biblische Formulierungen sind jeweils als das traditionsgeschichtlich Ältere anzusehen, vor allem da sie konkreter, weniger umfassend und allgemeingültig formuliert sind. Einige Beispiele müssen an dieser Stelle genügen. So übertrifft das 1. Gebot in der Dekalogfassung andere Formulierungen, die deutlich älter sind. Sie verbieten etwa, einem anderen Gott zu »opfern« (Ex 22,19), andere Götter »anzurufen« (Ex 23,13) oder vor ihnen »niederzufallen« (Ex 34,14). In diesen Fällen werden jeweils konkrete Möglichkeiten der Beziehung zu anderen Göttern genannt und verboten. Die Dekalogformulierung deckt alle diese Möglichkeiten ab und weitere dazu. Ja, sie will prinzipiell alle denkbaren Beziehungen zu anderen Göttern überhaupt untersagen. Es ist ganz unwahrscheinlich, daß diese umfassende und allgemeingültige Formulierung am Anfang der Geschichte gestanden haben sollte und die konkreteren Fassungen ihr gefolgt wären. Es kann nur umgekehrt gewesen sein: Die Dekalogfassung ist eine späte zusammenfassende Formulierung.

In ähnlicher Weise wird die »Allgemeingültigkeit durch Generalisierung der Ausdrucksweise«[41] beim 3. Gebot, dem Mißbrauch des göttlichen Namens, erreicht (vgl. z. B. Lev 19,12). Weiter sind nach W. H. Schmidt die beiden positiven Gebote – Eltern und Sabbat – deshalb so formuliert, um ältere Formulierungen an Allgemeingültigkeit zu übertreffen.[42] »Ehren« der Eltern schließt jedenfalls auch das Verbot des Verfluchens (Ex 21,17; Lev 20,9), des Schlagens (Ex 21,15) und des Verachtens (Dtn 27,16; Mi 7,6) ein, wie es sich in engeren und offenbar älteren Fassungen findet. Bei den anderen Geboten wird die Allgemeingültigkeit der Dekalogfassung durch Ergänzung eines älteren Wortlauts oder durch Auslassung eines ursprünglichen Objekts erreicht. Letzteres ist etwa beim Diebstahls- (vgl. Ex 21,16) und beim Tötungsverbot (vgl. Ex 21,12) der Fall. So enthält jedes der Dekaloggebote eine Spätfassung seines Themas.

Noch eine weitere Beobachtung ist hinzuzunehmen. Die Gesamtstruktur des Dekalogs sieht ja so aus, daß er als Gottesrede einsetzt (»Ich bin Jahwe . . .«), aber schon mit dem 3. Gebot hört die anfängliche Gottesrede auf (»Du sollst den Namen Jahwes deines Gottes . . .«). Dann ist von Gott nur noch in dritter Person die Rede. Nun hat Gerstenberger[43] gezeigt, daß die apodiktischen Gebote des Alten Testaments, soweit sie ethisches und soziales Verhalten regeln wollen, ursprünglich gar nicht von Gott, sondern von menschlichen Autoritäten erhoben wurden. Gerstenberger spricht hier von »Sippenethos«[44], d. h. diese Formulierungen entstammen nicht einem wie immer gearteten kultischen, sondern dem profanen Bereich von Erziehung und

Sozialisation und hinter ihnen steht die Autorität des Sippenvaters. Man könnte wohl auch vom Ethos einer kommunalen Gerichtspraxis sprechen. Wie auch immer das im einzelnen sein mag, hier ist entscheidend, daß alle diese Inhalte, also auch die sogenannte zweite Tafel des Dekalogs, kein ursprüngliches Gottesrecht sind, sondern erst in einer relativ späten Zeit unter göttliche Autorität geraten sind. Offenbar in einer Zeit, in der ihre bis dahin unbestrittene Geltung in Frage stand, wurden sie auf diese Weise neu und stärker verbindlich gemacht. Und dieser Vorgang der Unterstellung profaner ethischer Sätze unter die göttliche Autorität spiegelt sich noch in der Struktur und im Sprachduktus des Dekalogs.

Das alles sind Hinweise auf eine *relative* Datierung. Sie lassen bereits mit Sicherheit erkennen, daß der Dekalog nicht am Anfang der Geschichte Israels stand, sondern daß er ein Spätling ist. Aber wie ist diese relative nun in eine *absolute Chronologie* umzusetzen? In welcher Phase der Geschichte Israels ist der Dekalog entstanden?

Dazu ist zunächst eine Vorüberlegung nötig. Eine wirklich exakte Datierung eines Textes wie des Dekalogs ist schon deshalb gar nicht möglich, weil seine Traditionen und seine Textform ja ständige Veränderungen durchlaufen. Man muß also zunächst sehr genau bestimmen, was man eigentlich datieren will. Die Einzelgebote sind selbstverständlich der Sache nach alle älter als ihre Zusammenstellung zu dieser Reihe. Und mindestens teilweise dürfte das auch für ihre Formulierung gelten. Zudem ist an der sonst so problematischen Suche nach einem Urdekalog doch jedenfalls das richtig, daß nicht alle Erläuterungen und Ergänzungen immer schon zu den Geboten gehört haben. Das Wachstum zeigt ja mit unbestreitbarer Eindeutigkeit jeder Vergleich der beiden Fassungen von Ex 20 und Dtn 5. Besonders beim Sabbat, wo die Unterschiede am deutlichsten sind, ist auch das Wachstum nicht zu übersehen. In Dtn 5 gehen von hier Impulse zur Neugliederung des Ganzen aus, der Sabbat wird zum Zentrum, es entsteht, ein – wohl exilischer – »Sabbatdekalog«, wie Lohfink gezeigt hat.[45] Dagegen nimmt Ex 20 in V. 11 Formulierungen aus der priesterlichen Schöpfungsgeschichte von Gen 1 auf. Da es sich bei dieser wahrscheinlich um einen exilischen Text handelt, dürfte das Wachstum im Dekalog nachexilisch anzusetzen sein. Wie etwa der Papyrus Nash zeigt, aber auch die LXX-Fassung, geht der Prozeß nachexilisch und auch nach der Kanonisierung weiter. Vor allem wird immer wieder versucht, die Differenzen der beiden Fassungen auszugleichen und zu einem autoritativen Mischtext zu kommen.[46] Für das Folgende kommt es mir aus dieser ganzen Geschichte nur auf *den* Zeitpunkt an, an dem *diese* Auswahl von Geboten unter *diesem* Eingangswort zusammenkommt. Das ist die Geburtsstunde des Dekalogs.

Auf einen Punkt ist dabei aber noch ein besonderes Augenmerk zu richten: auf die innere Struktur des Prologs, speziell auf die Frage, ob in ihm mit literarischem Wachstum zu rechnen ist. Sehr häufig wird bei der Rekonstruktion älterer Dekalogfassungen gerade hier zu literarkritischen Operationen gegriffen. So steht, um das neueste Beispiel zu nennen, für Lemaire am Anfang der Entwicklung nur ein »Ich bin Jahwe«, dem dann in mehreren Stufen zunächst der Verweis auf den Exodus hinzugefügt wird, in einem ersten Schritt sogar noch mit einem anderen Verb (*ʿlh* hif.), dann die Bezeichnung Ägyptens als »Sklavenhaus«[47]. Nun ist die Erkenntnis wichtig, daß es für derartige Annahmen auch nicht die Spur eines Hinweises gibt, erst recht keine wirklichen Gründe. Literarkritische Operationen setzen ja, sollen sie methodisch gerechtfertigt sein, Spannungen und Widersprüche im Text voraus, die – allein oder am besten – durch literarkritische Annahmen erklärt werden können. Das ist hier nicht der Fall. Zur Frage, ob der Exodus hier auf ein Kollektiv geht, der übrige Text aber auf ein Individuum, soll unten Stellung genommen werden.[48] Die Selbstvorstellungsformel »Ich bin Jahwe« ist so oft mit dem Exodus verbunden, in der relativ seltenen Formulierung mit *'ānōkī* (statt *'ªnī*) sogar auffallend häufig[49], daß es reine Willkür ist, eine ältere Fassung ohne diese Verbindung anzunehmen. In *allen* dem Dekalog verwandten und nahestehenden Texten spielt der Exodus eine zentrale Rolle, die durch keine Operationen etwa literarkritischer Art aus ihnen entfernt werden kann. Das gilt für Hosea und Jeremia, für das Deuteronomium und die Deuteronomistik. Ebenso ist ein überzeugender Grund, warum die Charakterisierung Ägyptens als »Sklavenhaus« ein späterer Zusatz sein soll, nicht zu erkennen. Auch dafür werden in der Literatur kaum jemals Gründe, schon gar keine überzeugenden, genannt. Im übrigen erhebt sich ja bei jeder Streichung die Frage nach Anlaß und Hintergrund der Hinzufügung. Auch – aber nicht nur – von daher bleiben die unten anzustellenden Erwägungen über die Bedeutung des Exodus im Prinzip selbst dann gültig, wenn hier doch mit Wachstum zu rechnen wäre. Doch soll den Fragen literarischen Wachstums in dieser Arbeit nicht weiter nachgegangen werden.

Versucht man nun also, den absoluten Zeitpunkt zu bestimmen, an dem diese Gebote unter diesem Prolog gesammelt wurden, so kann man zunächst einen gesicherten äußersten Spielraum benennen. Dieser liegt zwischen dem 9. Jahrhundert und der frühnachexilischen Zeit. Im 9. Jahrhundert ist es insbesondere der Prophet Elia, dessen ganze Verkündigung um das erste Gebot kreist. Er hat offenbar als erster Israel begrifflich und sachlich vor die Alternative Jahwe *oder* Baal gestellt.[50] Zwar haben wir m. E. Anlaß zu der Annahme, daß Israel auch vorher eine Beziehung zu Jahwe, seinem Gott hatte, die andere Götter ausschloß. Aber nach archäologischen Funden, vor allem den Zeichnungen und Inschriften von Kuntillet ʿAjrud[51], wie dem Zeugnis vieler alttestamentlicher Texte, man denke nur an Hosea, bestimmte derartiges keineswegs die Realität im

Alltag. Und die »Naivität« älterer Texte mit ihrer Rede vom Handeln nur eines Gottes an der Welt und für Israel[52] ist etwas anderes als ein eigentlicher Monotheismus, den es erst ab dem Exil, insbesondere der Theologie Deuterojesajas gibt. Jedenfalls hat die tiefe religiöse Krise des 9. Jahrhunderts hier einen Einschnitt gebracht. Vor Elia ist die so betont zentrale Stellung des 1. Gebotes wie sie im Dekalog, aber auch schon im älteren Bundesbuch vorliegt, nicht zu denken. Eine untere Grenze ist dadurch gegeben, daß der Dekalog im Deuteronomium vorausgesetzt wird (vgl. u.). Die spätesten überhaupt möglichen Datierungen dieses Werkes liegen aber in frühnachexilischer Zeit.

Versucht man nun, diesen noch relativ großen Zeitraum weiter einzugrenzen, so kann mit der Beobachtung eingesetzt werden, daß die Prophetie des 8. Jahrhunderts mit ihrer Sozialkritik und Gerichtsansage sich nicht explizit und eindeutig auf ihn bezieht.[53] Wenn er aber damals als wichtiger, alter und anerkannter Text vorgelegen hätte, wäre das ganz unwahrscheinlich. Eine bessere Grundlage hätten die Propheten ja nicht haben können.

Die einzige eventuelle Ausnahme von diesem Befund spricht bei näherer Betrachtung nun stark dafür, daß der Dekalog in der Tat im 8. Jahrhundert noch nicht existierte. Es handelt sich um Hos 4,2: »Verfluchen und Täuschen und Töten und Stehlen und Ehebrechen reißen ein ›im Lande‹[54], und Bluttat reiht sich an Bluttat.« Es handelt sich dabei um die Anklage in einem Rechtsstreit (*rīb*, vgl. V. 1), den Jahwe mit den Landesbewohnern führt. In V. 3 folgt die Strafansage. Was in V. 2 vom Propheten in absoluten Infinitivformen als gängige Vergehen beschrieben wird, ist den Hörern sicher bekannt – als göttliche Verbote. Und drei von ihnen tauchen mit den gleichen Verben auch im Dekalog auf: Töten, Stehlen, Ehebrechen. Sie stehen auch dort nebeneinander, und in der Reihenfolge sind nur die beiden letzten vertauscht. Da es sich um die drei objektlosen Kurzgebote des Dekalogs handelt, spricht viel dafür, daß Hosea hier eine der älteren Reihen zitierend aufnimmt, aus denen auch der Dekalog schöpfte (vgl. o. S. 18). Aber Hosea nennt nun gleichberechtigt auch noch zwei andere Vergehen: Verfluchen und Täuschen. Und sie fehlen, jedenfalls mit diesen Verben, im Dekalog. Wenn Hosea wirklich den Dekalog gekannt hätte und hier aus ihm zitierte: Warum fügt er dann *diese* Worte hinzu, statt andere, ebenso naheliegende aus dem Dekalog aufzugreifen? Alles spricht dafür, daß Hosea hier eine der Reihen apodiktischer Gebote zitiert, aus denen auch der Dekalog Formulierungen aufgenommen hat. Diesen selbst *kann* er noch nicht gekannt haben. Das bedeutet, daß der Dekalog mit größter Wahrscheinlichkeit zur Zeit des Endes des Nordreichs noch nicht vorlag.

Die untere Grenze hängt an der umstrittenen und vieldiskutierten Beziehung des Dekalogs zum Deuteronomium und zur deuteronomistischen Literatur, sowie an den Datierungen dieser Texte. Davon kann hier nur einiges in Umrissen angedeutet werden. Auf der einen Seite finden sich im Dekalog und besonders in seinem Eingang enge und engste Beziehungen zu Sprache und Literatur des Dtn.[55] Die entscheidenden Wendungen des Prologs, die Formel »dein Gott«, die Beschreibung des Exodus, Ägypten als Sklavenhaus, alle einzelnen und erst recht in dieser Zusammenstellung sind überaus häufig in der Sprache des Dtn belegt, aber selten bis nie außer und vor allem vor ihr. Das gilt auch für weitere Ausdrücke des Dekalogs, wie das »andere Götter« des 1. Gebots. Wegen dieser Beobachtungen hat H. Schmidt schon 1923 formuliert: »Bei einem so kleinen Abschnitt, wie der ist, um den es sich handelt, ist ein *solcher* Sprachbeweis schlechthin schlüssig. So scheint es, daß nichts anderes möglich ist, als den Dekalog für eine Schöpfung der Feder zu halten, der wir das Deuteronomium verdanken.«[56] Und dies aufnehmend sagt L. Perlitt: »Der Anteil am Dekalog, den man als Jahwerede erkennen kann, trägt nachweislich das Sprachkleid der dt Theolo-

gie.«[57] Er hält ihn für so etwas wie ein »Konzentrat« der deuteronomischen Theologie.
Trotz der unbestreitbaren Nähe dürfen aber die Differenzen nicht übersehen werden. Ebenfalls im Anschluß an H. Schmidt hat zuletzt vor allem N. Lohfink auf sie aufmerksam gemacht.[58] So spielt etwa der Sabbat, der im Dekalog so wichtig ist, im Dtn gar keine Rolle. Und eine Wendung wie die des 1. Gebots, keine anderen Götter *ʿal-pānaj*, mir »ins Angesicht« zu haben, hat keine Bezüge zum Dtn und kommt dort nie vor. Das gleiche gilt für den Anfang, die Selbstvorstellungsformel mit *ʾānōkī* (statt *ʾanī*).[59] Trotz aller Nähe haben also die gleichen Sätze auch Elemente, die zeigen, daß man nicht einfach mit dem gleichen Autor resp. identischen Verfasserkreisen rechnen darf.
Manche Partien des Deuteronomiums lassen sich zudem geradezu als Predigten über den Dekalog verstehen, so Dtn 4,15–20; 6,12–15; 7,4.8–11; 8,7–20; 13,3.6.7.11.14.[60] In diesen Texten findet sich auch die Stelle, die am deutlichsten den Abstand zwischen Deuteronomium und Dekalog erkennen läßt: In Dtn 7,9f heißt es: ». . . der treue Gott, der den Bund und die Huld bis auf 1000 Generationen denen bewahrt, die ihn lieben und seine Gebote halten, (10) der aber denen, die ihn hassen, ins Angesicht vergilt, ihn zu vernichten; er wartet nicht zu gegenüber dem, der ihn haßt; ins Angesicht wird er ihm vergelten.« Während die positive Reaktion Gottes auf das Halten der Gebote genau gemäß den Formulierungen des Dekalogs ausgedrückt ist (Ex 20,6), enthält V. 10 »eine unverhüllte Polemik gegen den Satz von der Vergeltung bis ins dritte und vierte Glied, eine Polemik gegen den Dekalog vom Geist des Deuteronomiums aus«[61]. Denn nach dem Deuteronomium soll die Strafe nicht das 3. und 4. Glied, sondern allein die schuldige Person selbst treffen. Die mehrfach ausgedrückte Betonung, daß Jahwe nicht wartet, daß er dem Schuldigen ins Angesicht vergilt, läßt deutlich erkennen, daß er gegen etwas formuliert wird, also Polemik vorliegt.[62] Für die deuterono-

mische Vorstellung ist besonders Dtn 24,16 heranzuziehen, wonach auch im menschlichen Recht Sippenhaft abzulehnen ist.

Genau wie Dtn 5 den Dekalog als fertiges Zitat kennt und einführt[63], also voraussetzt, steht auch für das Deuteronomium als Ganzes fest, daß es den Dekalog nicht geschaffen hat, sondern voraussetzt. Vielleicht trifft eine Formulierung Lohfinks das Richtige, da sie Nähe und Abstand ins Lot bringt: »Er könnte durchaus ein Text aus den Anfängen der dt Bewegung sein.«[64]

Schließlich bleibt das Problem der Datierung des Deuteronomiums. Es kann hier nicht verhandelt werden. M. E. spricht alles gegen die heute wieder stärker vertretenen Meinungen[65], das Deuteronomium sei keinesfalls mit dem Buch des Josia aus 2Kön 22f zu identifizieren, sondern es sei als exilischer oder gar nachexilischer Text mit starken utopischen Zügen aufzufassen. Ich glaube, daß sich zwingend zeigen läßt, daß das Deuteronomium aus der – späten – vorexilischen Zeit zu verstehen ist; es setzt z. B. den Landbesitz Israels voraus. Sein Kern dürfte mit dem Buch Josias identisch sein. Aber es muß hier bei Andeutungen bleiben.[66]

Somit gehört der Dekalog der späten vorexilischen Zeit an. Er ist ein Produkt der Zeit zwischen Hosea und dem Deuteronomium, historisch gesprochen zwischen dem Untergang des Nordreichs und Josia. Er wird also wohl dem für uns so dunklen Zeitraum entstammen, in dem sich vor allem unter dem König Manasse die gegenüber dem 8. Jahrhundert so andere theologische Welt des späten 7. Jahrhunderts vorbereitete.[67] Für sein Verständnis gilt es zunächst festzuhalten, daß er also bereits eine *Reaktion* auf die tiefen religiösen, theologischen, politischen und sozialen Krisen nicht nur des 9. sondern auch des 8. Jahrhunderts darstellt. Und dazu gehört z. B. das Entstehen starker sozialer Gegensätze in Israel, dazu gehört das Auftreten der großen Gerichtsprophetie, dazu gehört vor allem der Untergang des Nordreichs und der Schock, den er ausgelöst haben muß. Angesichts dieser einschneidenden Erfahrungen werden die elementaren Grundforderungen Jahwes herausgestellt: Sie werden im Dekalog gesammelt und in dieser Konzentration erstmalig formuliert.

II. Wem gilt der Dekalog in der Zeit seiner Entstehung?

Jede nähere Betrachtung des Textes ergibt auf diese Frage eine sehr eindeutige Antwort. Die Sache ist im Prinzip unbestritten und liegt so offen zu Tage, daß jeder Anfänger und jede Schulklasse die Erkenntnis selbständig am deutschen Text nachvollziehen kann, freilich nicht an der Katechismusfassung.

Der Dekalog redet Leute an, die Eltern (Ex 20,12) und Kinder (V. 10, vgl. V. 5) haben und die Frauen begehren können (V. 14.17). Er gilt, blickt man auf die Besitzverhältnisse, solchen, die Sklaven und Sklavinnen haben (V. 10), eigene Ackererde (V. 12) und Vieh (V. 10). Die Angeredeten haben die Möglichkeit, andere Götter kultisch zu verehren (V. 3.5) und Götterbilder herzustellen, jedenfalls aufzustellen (V. 4f). Sie sind fähig, Jahwes Namen (durch Eid) zu mißbrauchen (V. 7) und in einem Rechtsprozeß als Zeugen bzw. Ankläger aufzutreten (V. 16). Und sie stehen Nachbarn gegenüber, die – wie sie selbst – Frauen, Häuser, Sklaven und Tiere haben (V. 17).

Es ist unbestreitbar: Der Dekalog gilt erwachsenen Männern, die rechts- und kultfähig sind. Sie sind charakterisiert durch Land- und Viehbesitz, also sind es Bauern; sie besitzen Sklaven, also sind es Freie. Will man diese in der Forschung unbestrittenen Erkenntnisse nicht sofort wieder verwischen, ohne sich ihre Bedeutung wirklich klar zu machen, ist methodisch zunächst einfach die negative Seite in aller Deutlichkeit herauszustellen. Der Dekalog gilt also nicht (wie vielfach bei uns) Kindern; er gilt nicht (wie selbstverständlich bei uns) Frauen; er gilt nicht Sklaven; er gilt nicht Lohnarbeitern. Er ist damit zunächst nur für die Männer eines bestimmten Standes in Israel formuliert worden. Und wenn man nach seiner Ursprungsbedeutung fragen will, gilt es mit dieser Erkenntnis ernst zu machen. Wie viele problematische Auslegungen einzelner Gebote sind nicht allein dadurch entstanden, daß man ihn unreflektiert zu einer Kinderlehre machte! Und schon hier liegt der Verdacht nahe, daß die repressiven Züge einer an ihm entwikkelten Ethik nicht zuletzt auf eine unkontrollierte Ausweitung des Adressatenkreises zurückzuführen sind.

Nun hat natürlich die Rezeptionsgeschichte des Dekalogs diesen relativ engen Adressatenkreis wohl sehr rasch überwunden. Daß er auch für andere Gruppen in Geltung war, ist schon für die späte alttestamentliche Zeit zu vermuten. So wird bereits das Esragesetz – und wie immer man sich dieses vorstellt[68], der Dekalog dürfte mit allergrößter Wahrscheinlichkeit dazu gehört haben – außer den Männern auch den Frauen und »allen, die zuzuhören verstanden«, womit ganz offensichtlich Kinder, Sklaven, Tagelöhner u. a. mitgemeint sind, vorgelesen und verbindlich gemacht (Neh 8,2f). Immerhin aber: Der Wortlaut des Dekalogs ist im Blick auf diese neue Situation nicht mehr geändert worden. Er bewahrt die Ursprungssituation und ermöglicht so die Frage nach der Absicht der Komposition. Und erst, wenn diese bestimmt ist, kann theologisch sachgemäß über die Folgerungen einer Erweiterung des Adressatenkreises entschieden werden.

Zunächst freilich gilt es, die Adressatengruppe des Dekalogs sozialgeschichtlich etwas genauer ins Auge zu fassen. Methodisch muß das vor allem dadurch geschehen, daß ihre Rolle in der damaligen Gesellschaft – und ihre interne Differenzierung – näher beschrieben wird. In der Zeit vor dem Königtum haben diese Vollbürger, wie man sie abgekürzt nennen kann, praktisch allein das Volk ausgemacht, jedenfalls in ihm allein dominiert.[69] Sie sind trotz aller Einschränkungen, jedenfalls die ganze Königszeit über die entscheidende Schicht in Israel geblieben. So gelten ihr nicht nur der Dekalog, sondern alle vorexilischen Gesetze Israels. Aber mit dem Königtum hat sich über sie eine neue Klasse gelegt, die von den Abgaben dieser freien Bauern lebte und dafür das Instrument der Steuern (und der Fronarbeit) einführte: der Hof mit seinen Beamten und Soldaten.[70] Nicht zuletzt durch diese neuen Faktoren – aber auch durch andere – ergaben sich in der Königszeit weitere sozialgeschichtliche Verschiebungen.[71] Neben ihr gibt es jetzt Händler und Handwerker, da gibt es vor allem auch Fremde *(gērim)*, d. h. nicht grundbesitzende Leute, die aber auf Dauer ansässig waren. Diese Gruppe hatte sich nach allem, was wir wissen, besonders nach dem Fall des Nordreichs stark vergrößert, als sie als Flüchtlinge nach Juda gelangten.[72] Und dann gibt es natürlich daneben Sklaven und in Anfängen auch Lohnarbeiter resp. Tagelöhner (Dtn 24,14f).

Leider kann man die Bevölkerungsstatistik und die quantitativen Gruppenverhältnisse nicht einmal begründet schätzen, dennoch dürfte feststehen, daß die freie Bauernschaft auch noch in der Zeit der Entstehung des Dekalogs den Hauptteil der Bevölkerung ausmachte. Vor allem in ökonomischer Hinsicht gilt das mit Sicherheit, alle anderen Produktionszweige sind daneben marginal. Noch das Deuteronomium meint, wenn es von »Israel« spricht, im Grunde nur diese Schicht (und in ihr wieder vor allem die Männer). Und wenn die exilische Darstellung der dtr Königsbücher auch nur einigermaßen zuverlässig ist, ist sie gerade nach dem Fall des Nordreichs in Juda zu einer starken politischen Kraft geworden. Denn eben sie ist gemeint, wenn vom judäischen »Landvolk«, dem *ʿam-hāʾārāṣ*, die Rede ist.[73] Und es ist offenbar nach Manasse die führende politische Kraft (2Kön 21,24; 23,30).

Für das Verständnis des Dekalogs ist aber nun vor allem die Erkenntnis entscheidend, daß diese Schicht keineswegs als homogene Einheit angesehen werden darf, daß sie in sich vielmehr weitgehend differenziert ist, ja starke Gegensätze enthält. Noch im 10. Jahrhundert bezeugen etwa die nahezu gleichgroßen Häuser der israelitischen Städte eine relative soziale Homogenität. Dagegen finden wir im 8. Jahrhundert starke Gegensätze von reich und arm schon im städtebaulichen Befund.[74] Und die Prophetie bezeugt ja die sozialen Konflikte dieses Jahrhunderts mit aller Deutlichkeit. Entscheidend ist nun, daß die von Propheten wie Amos, Jesaja und Micha angeklagten Reichen, die Großgrundbesitzer und Schuldsklavenhalter mindestens teilweise genauso zu der im Dekalog angeredeten Gruppe der freien Grundbesitzer gehörten wie die überschuldeten Kleinbauern, die als Arme und Elende, als Ausgebeutete und Unterdrückte in den Texten erscheinen.

Wenige Beispiele der vielen prophetischen Texte müssen genügen.[75] Wenn Amos von den Israeliten sagt: »Sie weisen den (Rechts-)Weg der Elenden ab« (2,7), »sie bedrängen den Schuldlosen, sie nehmen Bestechungsgeld an und weisen den Bedürftigen im Tor ab« (5,12), so zeigen die Formulierungen, daß die Elenden und Armen im Prinzip durchaus noch rechtsfähig waren, noch im Prozeß am Tor auftreten könnten. Dort allerdings, so der prophetische Vorwurf, scheitern sie an den Machenschaften der Reichen. Nach Am 8,6 und Mi 2,1f planen die Mächtigen, die Ärmeren zu verkaufen und ihren Besitz zu übernehmen; sie sind also noch nicht enteignet und versklavt. Besonders eine Formulierung wie die von Mi 2,2 (»sie unterdrücken einen Mann und sein Haus, einen Menschen und seinen Besitz«) läßt einiges von der Zusammengehörigkeit von Freiheit und Grundbesitz erkennen.

In der neueren Prophetenforschung haben vor allem M. Fendler[76] und M. Schwantes[77] die Situation derer genauer beschrieben, für die die Propheten sich einsetzten. Schwantes sagt von den »Armen« des Amos: »Sie haben noch Anspruch auf Vollmitgliedschaft in der Versammlung der Vollbürger im Tor (5,12b . . .), bei ihnen ist noch etwas zu holen (4,1; 5,11), sie sind aber auch verschuldet und den Besitzenden ausgeliefert (2,7aα; 8,4), sie werden den Weg in die Schuldsklaverei hinabgetrieben (8,6a), ja sie sind schon Schuldsklaven (2,6b). Die Begriffe . . . decken also die Situation des Israeliten zwischen Vollbürgerschaft und Sklaventum; der Arme ist einerseits ein zwar verarmter, aber doch noch grundbesitzender Vollbürger; er ist andererseits vollkommen verschuldet und daher Schuldsklave. Indem ich ihn als ›verarmten Kleinbauern‹ bestimme, versuche ich, diese seine Zwischenstellung und soziale Übergangssituation zu erfassen.«[78]

Die im Dekalog angeredete Adressatengruppe umfaßt also eine breite Spannweite, Reiche und Arme, Bedrücker wie Unterdrückte. Ja, man muß sagen, daß sich soziale Auseinandersetzungen wie die, welche die Prophetie im 8. Jahrhundert bezeugt, in ihren entscheidenden Teilen gerade *innerhalb* dieser Schicht abgespielt haben. Den Ärmeren drohte der Abstieg in Schuldsklaverei, die Reicheren stiegen zu Großgrundbesitzern und Aristokraten auf. Nur nebenbei soll an dieser Stelle auf die besonderen Schwierigkeiten hingewiesen werden, die Stellung und interne Differenzierung dieser »Schicht« in Israel mit einer soziologisch präzisen Begrifflichkeit zu erfassen. Wo kann, wo muß man hier etwa von »Klassengegensätzen« reden? Für eine pragmatische Beschreibung reicht wohl, wie so oft, die Terminologie Max Webers aus.[79] Er unterscheidet insbesondere »Stände« und »Klassen«, das erstere nicht ökonomisch (»Ehre«), das zweite rein ökonomisch (»Marktlage«) bestimmt. In der Tat scheinen in der Zeit, die zur Debatte steht, die Gemeinsamkeiten der Vollbürger eher in rechtlichen (Erbbesitz) und kultischen Aspekten zu liegen, während rein ökonomisch gesehen, die Front der Klassenauseinandersetzungen mitten durch sie hindurchläuft. In ihr werden die aktuellen sozialen Konflikte ausgetragen, während das Gegenüber zum Königtum einerseits, zum Sklaventum andererseits längst nicht mehr derartig konfliktreich zu sein scheint.

Es bleibt also festzuhalten, daß der Dekalog dem »Stand«

der freien Grundbesitzer in Israel gilt. Er ist in der Zeit des Dekalogs immer noch der eigentliche Kern des Gottesvolkes und Träger des Jahweglaubens. Und wenn auch die aktuell und krisenhaft zugespitzte soziale Lage des 8. Jahrhunderts sich später etwas entschärft haben dürfte – aber insgesamt haben wir für das 7. Jahrhundert sehr viel weniger Quellen –, so sind die internen Gegensätze doch nach wie vor groß und für das Verständnis dieser Gruppe ausschlaggebend.

Doch muß, bevor dem nachgegangen werden kann, eine andere Vorfrage geklärt werden: Bezieht sich das »du« der Anrede im Dekalog eigentlich auf die in ihm angeredete Schicht als Kollektiv, also auf das Israel der versammelten Kultgemeinde – oder auf den Einzelnen in ihr? Nun ist, wie überhaupt beim apodiktischen Recht, bei den Geboten der 2. Tafel, also den auf andere Menschen bezüglichen, mit Sicherheit das Letztere der Fall. Denn nur der Einzelne hat Eltern und Kinder, kann die Ehe brechen oder stehlen. Auch bei den angedeuteten Strafen für Übertretungen geht es nicht um das Schicksal der Nation, sondern des Einzelnen und seiner Familie. So bezeichnet »drei und vier« Generationen von Ex 20,5 die Großfamilie, d. h. die noch unter einem Dach zusammenlebende Generationenfolge.[80] Und ähnliches gilt für die »tausend« (20,6): Dieser Ausdruck steht nach Texten wie Num 1,16; 1Sam 10,19; 23,23; bes. Mi 5,1 nicht für eine unübersehbar lange Abstammungskette durch die Zeiten, sondern er ist nahezu austauschbar mit *mišpāḥā*, dem »Clan«, einer gleichzeitig mit dem Angeredeten lebenden Verwandtengruppe. Jedenfalls ist deutlich: Auch diese Hinweise auf die Verhaltensfolgen sind vom Einzelnen aus gedacht.

Nun wird aber der Eingang des Dekalogs meist auf das Volk im Ganzen bezogen. Das ist in der Wissenschaft sowohl für die Exodusformel wie für den Ausdruck »dein Gott« üblich. Damit aber steht die innere Einheitlichkeit des gesamten Dokumentes in Frage. Und oft werden aus diesen angeblichen Spannungen auch literarkritische Konsequenzen gezogen[81]: Teile des Prologs oder dieser insgesamt gelten als späterer Zuwachs. Nun gilt aber der methodische Grundsatz, daß man zunächst versuchen muß, den vorliegenden Text als Einheit zu verstehen. Erst wenn das nicht gelingt oder sich als unmöglich erweist, kann und muß man die Schwierigkeiten mit verschiedenen Schichten erklären. Versucht man nun, den Dekalog als Einheit zu lesen, so stellt sich sehr schnell heraus, daß *nichts* dazu zwingt, einen inneren Bruch anzunehmen.

Entscheidend ist hier der breit belegte Sprachgebrauch des in vieler Hinsicht so verwandten Deuteronomiums. So schillernd das »Du« des Deuteronomiums auch ist in der Frage, ob eine kollektive oder individuelle Bezugsgröße gemeint ist, es steht jedenfalls fest, daß es zahlreiche Stellen gibt, wo sich das »Du« eindeutig auf den Einzelnen bezieht. Klärung kann nur der jeweilige Kontext bringen. Für das Verständnis des Dekalogprologs ist entscheidend, daß auch der Exodus, ja die ganze Heilsgeschichte auf den einzelnen Israeliten bezogen und zur Schilderung seines realen Status verwendet werden kann. Besonders deutlich ist das in Dtn 26 der Fall, dem Gebet bei der Darbringung der Erstlinge (V. 5–10). Der einzelne israelitische Bauer, der seine Gaben zum Altar bringt, soll sagen: »Ein umherirrender Aramäer war mein Vater. Er ging hinab nach Ägypten, weilte dort als Fremdling, dem nur wenige Leute angehörten; er wurde dort zu einem großen und starken Volk.« Es folgt dann im Wir-Stil der Bericht von Unterdrückung und Auszug. Der Schluß des Gebets lautet: »Und nun bringe ich die Erstlinge der Früchte des Landes, das du, Jahwe, mir gegeben hast« (V. 10). Unabhängig von jeder Beurteilung der Schichten- und Entstehungsfrage ist deutlich, daß auf der Ebene des jetzigen Textes im Dtn alles auf den einzelnen Bauern zu beziehen ist. Die Ereignisse, die die Geschichte des Gesamtvolkes bilden, werden zur Umschreibung des konkreten Status des einzelnen Bauern in Israel verwendet.

So wenig man also aus dem Exodusthema auf eine Anrede an ein Kollektiv schließen darf, so wenig gilt das für die Formel »dein Gott«. Wie der jeweilige Zusammenhang zeigt, wird auch im Deuteronomium diese so häufige Formel durchaus auf den Einzelnen in Israel bezogen. Dafür mag hier der Hinweis auf Dtn 13,7ff genügen. Es geht um die Verführung zu fremden Göttern durch einen Familienangehörigen. Von diesem heißt es dann: »Du mußt ihn töten; deine Hand soll sich als erste wider ihn erheben, um ihn zu töten, danach die Hand des ganzen Volkes« (V. 10). Hier ist unbestreitbar ein Einzelner im Blick, der Gegensatz zum »ganzen Volk« macht es eindeutig. Dementsprechend geht es weiter: »Zu Tode sollst du ihn steinigen, weil er darauf ausging, dich von Jahwe, deinem Gott abzubringen, der dich aus dem Lande Ägypten, aus dem Sklavenhaus herausgeführt hat. Und ganz Israel soll es hören . . .« (V. 11f). Auch hier steht sowohl der Exodus wie – mit der Formel vom Sklavenhaus! – die Wendung »dein Gott« in der Anrede an den Einzelnen in deutlicher Abhebung von »ganz Israel«.

Natürlich liegt auch in derartigen Fällen wie im Dekalog ein durchaus schillernder Sprachgebrauch vor. Vor allem deshalb, weil es sich ja bei dem angeredeten Einzelnen um ein typisiertes Du handelt. Weil es (potentiell) jeden Einzelnen betrifft, gilt es auch wieder dem Volk im Ganzen. Dennoch bleibt festzuhalten, daß die Verwendung der gleichen Sprache im Deuteronomium zeigt, daß nichts zu einem sachlichen oder literarischen Bruch im Dekalog oder seinen Eingangswendungen zwingt. Der Dekalog inklusive seines Prologs ist durchgängig auf den einzelnen israelitischen Grundbesitzer zu beziehen.

III. Was bedeutet der Prolog für die Adressaten des Dekalogs?

Damit stellt sich nun die für eine sozialgeschichtliche Exegese entscheidende Frage: Was bedeutet der Prolog, was insbesondere sein Verweis auf den Exodus für die Angeredeten konkret und genau? Diese Frage ist in der Literatur erstaunlicherweise kaum jemals gestellt worden. Natürlich ist die Bedeutung des Exodus als »Urbekenntnis Israels«[82] gesehen worden und auch seine theologischen Implikationen im Dekalog. Aber was ist eigentlich real gemeint? Was bedeutet dieser Vers für die Bauern des 7. Jahrhunderts? Das historische Ereignis liegt weit zurück, etwa ein halbes Jahrtausend. Nur der Verweis auf eine ferne Vergangenheit kann ja wohl nicht gemeint sein. Und so manche Passagen im Dtn verraten, daß man um diese Probleme des Abstandes gewußt hat: »Nicht mit unseren Vätern hat Jahwe diesen Bund geschlossen, sondern mit uns, die wir heute hier alle am Leben sind« (Dtn 5,3). Und der Verweis auf den Exodus hat ja nachweislich ganz verschiedene Funktionen gehabt. So kann er im 10. Jahrhundert ein Reformkönigtum legitimieren (1Kön 12,28), im 8. gegen eine nationale Erwählungstheologie eingesetzt (Am 9,7f), im Exil zum Typos des erwarteten Heils werden (Jes 43,16ff). Was ist im Dekalog gemeint?

Gerade wenn auch der Exodus hier auf den einzelnen Israeliten bezogen werden muß, kann damit nur seine *Gegenwart* gekennzeichnet sein. »Sklavenhaus« ist offenbar ein präzises Gegenbild zur jetzigen Situation der Angeredeten. Geht man der dtn-dtr Wendung von Ägypten als dem »Sklavenhaus« nach[83], so stößt man neben formelhafter Verwendung auf einige Texte, die die Chiffre entschlüsseln, indem sie das Gegenbild entfalten. Man kann sie ge-

radezu als Predigten über den Dekalog auffassen. Vor allem deshalb, weil sie auf das 1. Gebot zulaufen. Da ist zunächst Dtn 6,10ff, wo das Land beschrieben wird, das Israel in Besitz hat[84]: »große und schöne Städte, die du nicht gebaut hast, und Häuser voll von allem Guten, die du nicht gefüllt hast, ausgehauene Zisternen, die du nicht gehauen, Weinberge und Ölbäume, die du nicht gepflanzt hast«. Noch ausführlicher ist die Schilderung in Dtn 8,7–13: »Jahwe dein Gott wird dich in ein schönes Land bringen, in ein Land mit Wasserbächen, Quellen und Fluten, die in der Ebene und im Gebirge entspringen, in ein Land des Weizens, der Gerste, der Feigen- und Granatbäume, in ein Land mit Ölbäumen und Honig, in ein Land, in welchem du nicht kümmerlich Brot essen mußt, darin dir nichts mangeln wird, in ein Land, dessen Steine Eisen sind und aus dessen Bergen du Erz hauen wirst.« Nach der Warnung, Jahwe nicht zu vergessen, wird auf Häuser hingewiesen, auf Rinder und Schafe, auf Silber und Gold (V. 12f).
Alle diese aufgezählten Dinge, der ganze Reichtum des Landes, stehen in einem eindeutigen Gegensatz zum »Sklavenhaus« (6,12; 8,14). Aus ihm hat Jahwe die Angeredeten herausgeführt, und er brachte sie in das so positiv zu beschreibende Land hinein. Beide Beschreibungen dienen nur dem Zweck, an den Geber des Landes, an Jahwe zu erinnern: »Hüte dich, Jahwes, deines Gottes zu vergessen, indem du seine Gebote, Rechte und Satzungen . . . nicht bewahrst« (8,11; vgl. 6,12f). Der Zusammenhang von Sklavenhaus und Herausführung, 1. Gebot und weiteren Geboten ist deutlich, und damit die Nähe zum Dekalog.
Genau wie in dem bereits herangezogenen Text Dtn 26 ist es also der Besitz des Landes, sein Reichtum und seine Fruchtbarkeit, was konkret-inhaltlich mit Herausführung gemeint ist. Auf eigenem Lande zu wohnen, dessen Reichtum zu genießen, von Sklaverei und Fronarbeit frei zu sein – das steht hinter der Chiffre von der Herausführung aus dem Sklavenhaus. Angesprochen werden die Adressaten

im Prolog also auf ihre reale Freiheit, wie sie durch den eigenen Grundbesitz gegeben ist.

Dieser Bezug auf den realen, sozialen Status der Angeredeten ist für das Verständnis des Prologs aber nur die eine Hälfte. Denn alles kommt darauf an, daß dieser Zustand der realen Freiheit Jahwe verdankt wird. Die Situation der Angeredeten wird also zugleich sozial und theologisch erfaßt. Jahwe stellt sich als der vor, der die Angeredeten aus dem Sklavenhaus befreit hat. Das ist geradezu seine Selbstdefinition. Und nur von ihr aus ist der Sinn aller Gebote zu verstehen.

Einer Anregung von Kristian Hungar folgend versuche ich, die im Prolog des Dekalogs gesetzte Beziehung Jahwes zu seinem Volk kommunikationstheoretisch ein Stück weit zu entschlüsseln. Nach Watzlawick u. a. tauschen Partner in ihrer Kommunikation immer auch »Definitionen ihrer Beziehung und damit implizite ihrer selber aus«[85]. Von den drei Grundmöglichkeiten, die dabei zu unterscheiden sind – Bestätigung, Verwerfung, Entwertung[86] –, liegt im Prolog ganz offenbar eine deutliche Bestätigung und zwar eine gegenseitige vor. Jahwes Ich-Definition besteht in der Bestätigung einer seit langem bestehenden Gottesbeziehung der Angeredeten, vor allem durch die Wendung »dein Gott«. Er stellt sich ja nicht als Unbekannter vor, sondern als der, als den ihn Israel und jeder Angesprochene kennt und bekennt, als Grund und Garant seiner Freiheit. Er bestätigt damit die Gottesdefinition – und die Selbstdefinition! – Israels. So liegt in der knappen Formulierung des Prologs implizit eine gegenseitige Bestätigung der jeweiligen Ich- und Du-Definitionen Gottes und der Angeredeten vor. Er hat sie befreit, ist deshalb von ihnen als »ihr Gott« erkannt und anerkannt und redet sie jetzt auf diese in der Geschichte gestiftete Beziehung, d. h. auf ihre reale Freiheit an.

Schon in der Beschreibung des sozialen Status der Adressaten, erst recht jetzt, bei der Herausarbeitung des theologischen Verständnisses dieses Status durch die Beziehung zum Gott des Exodus, war es unumgänglich, den Begriff »Freiheit« einzuführen. Der Text spricht davon ja nicht begrifflich, sondern nur durch die Chiffre von der Herausführung aus dem Sklavenhaus. Dennoch ist dieser Interpretationsschritt methodisch gerechtfertigt, ja unumgänglich, um das Gemeinte in der uns geläufigen Sprache überhaupt ausdrücken zu können. Und er ist in der alttestamentlichen Wissenschaft inzwischen auch eingebürgert.[87] Gerade deshalb ist es wichtig, die hier angesprochenen Elemente des Freiheitsbegriffes möglichst klar festzuhalten, zu oft findet an dieser Stelle eine unreflektierte Verwischung, d. h. meist eine ungerechtfertigte Spiritualisierung des Freiheitsbegriffes statt. Wichtig ist, daß Freiheit hier eine reale materielle und soziale Grundlage hat. Zugleich aber ist sie ausschließlich in einer Beziehung gegründet, die zwischen den Angeredeten und Jahwe besteht. Die real-materielle Freiheit wird als in dieser Beziehung gegründet erfahren und ist ihr bleibender Ausdruck.

Um das sachlich und theologisch Gemeinte zu kennzeichnen, scheint mir eine Formulierung von Michael Theunissen besonders angemessen: »kommunikative Freiheit«. Dieser – aus der Hegel-Interpretation gewonnene – Begriff »bedeutet, daß der eine den andern nicht als Grenze, sondern als die Bedingung der Möglichkeit seiner eigenen Selbstverwirklichung erfährt. So kann sie Maßstab der Kritik sowohl an der Gleichgültigkeit wie an der Herrschaft sein.«[88] Im Dekalog ist Jahwes Selbstdefinition die Befreiung der Angeredeten. Deshalb sind die Freiheit und das Leben der Angeredeten in dieser Beziehung gegründet – als die reale Freiheit. D. h. die Beziehung wird durch Freiheit, und die Freiheit durch die Beziehung definiert. Die Gottesbeziehung wird hier *nicht* als Herrschafts-, sondern als Freiheitsbegriff gedacht.

An dieser kommunikativen Freiheit wird alles andere kritisch zu messen sein. Nicht zuletzt darum geht es im Dekalog. Man muß hinzunehmen, daß auch nach Hegel diese kommunikative Freiheit im »Absoluten« begründet ist. Letztlich geht es darum, »daß die kontingenten ›Subjekte‹ das Sein, das sie allein in ihrer Beziehung zum absolut anderen haben, auch nur in der Beziehung zueinander als Selbstsein verwirklichen können«[89]. Und die Beziehung zum »Absoluten« wie zu den anderen – das ist das Thema der dem Prolog folgenden Gebote.

IV. Welchen Bezug haben die Gebote zum Thema des Prologs?

Es muß nun um die entscheidende Frage gehen, welche Beziehung die einzelnen Gebote zu der im Prolog angesprochenen Realität haben. Wie ist ihr Zusammenhang mit der kommunikativen Freiheit, der von Jahwe gewährten, in der Beziehung zu ihm begründeten, in dem realen Status der Angeredeten erwiesenen Freiheit inhaltlich und sachlich zu bestimmen? Es soll damit der Versuch gemacht werden, sie *vom Prolog aus zu lesen.* Dabei muß im Zentrum die Herausstellung der vom Prolog aus gesehen jeweils entscheidenden Punkte stehen. Es kann also nicht um eine umfassende und vollständige Darstellung ihres Sinnes und ihrer Geschichte im alttestamentlichen Kontext unter Heranziehung der teilweise breiten Diskussion gehen. Allerdings muß gerade die Frage nach Sinn und Funktion der Gebote in der Zeit des Dekalogs äußerste Aufmerksamkeit finden, und damit stehen zugleich die Schwierigkeiten, ihre ursprüngliche Absicht heute zu erfassen, mit zur Debatte. Denn die Frage, warum in der vom Prolog angesprochenen Lage und im Rahmen der damit gegebenen Theologie gerade diese zehn und keine anderen Regeln ausgewählt wurden, genau das ist ja die Frage nach dem *Thema des Dekalogs*. Ist die Auswahl nicht willkürlich und kann sie nicht an einem vorausgesetzten Begriff von Naturrecht, Sittlichkeit, Gerechtigkeit o. ä. orientiert sein, dann muß ihre Einheit in der Zusammengehörigkeit von Prolog und Einzelgeboten gesucht werden. Nur an dieser Stelle kann dann auch der Ausgangspunkt der später hier gefundenen Begriffe von Sittlichkeit und Gerechtigkeit liegen.

Die *ersten drei Gebote* gelten der Beziehung zu Jahwe, also zu dem Gott, dem der Angeredete seinen Status verdankt. Grob gesprochen geht es darum, daß jede Infragestellung dieser Beziehung auch alles das in Frage stellen würde, was darauf beruht. Die Intention dürfte sein, alle denkbaren Möglichkeiten der Infragestellung anzusprechen und auszuschließen.

Im jetzt vorliegenden Dekalog gehören das erste und das zweite, Fremdgötter- und Bilderverbot, aufs engste zusammen. Die Erläuterungen ab Ex 20,4b gelten ihnen beiden und schließen sie zu einer Einheit zusammen.[90] Von der Sache her gehören sie wohl deshalb so eng zusammen wie keine zwei anderen Gebote – ansonsten ist eine paarweise Anordnung nicht feststellbar[90a] –, weil sie gemeinsam und nur gemeinsam alle Möglichkeiten der »Verwerfung« und »Entwertung« der bestehenden Gottesbeziehung abwehren. Und neben einer »Bestätigung«, die gerade im Prolog erfolgt ist, sind das die beiden negativen, in jedem Kommunikationsvorgang mit auf dem Spiel stehenden Möglichkeiten.[91]

»Du sollst keine anderen Götter haben mir ins Angesicht«

Die möglichst wörtliche Wiedergabe des hebräischen *ʿal-pānaj* durch »mir ins Angesicht« – im Anschluß an Martin Buber[92] – kann zugleich ein Stück weit die Probleme veranschaulichen, die bei einem Versuch, das Gemeinte genau zu verstehen, auftreten.[93] Die Wendung heißt in bezug auf Personen im Alten Testament sonst »vor bzw. unter den Augen von« (Ex 20,20; Lev 10,3; Dtn 11,4; Jer 6,7; Ps 9,20 u. a.), von da aus »unter Aufsicht von« (Num 3,4b) und »zu Lebzeiten von« (Gen 11,28). Sie heißt dann weiter »auf Kosten von« bzw. »zum Nachteil von« (Gen 25,18; Dtn 21,16), ferner auch im feindlichen Sinne »in Richtung auf jemanden hin« (Ps 21,13). Diskutiert wird für die Interpretation des 1. Gebotes obendrein noch ein stärker lokal ausgerichtetes »mir gegenüber«[94]. Welche der im Alten Testament nachweisbaren Nuancen für den damaligen Hörer bei der Formulierung des 1. Gebotes am deutlichsten mitschwang, kann man heute letztlich nur raten. Vielleicht ist noch am ehesten an »auf Kosten, zum Nachteil von« zu denken.[95]

Doch scheint es mir naheliegender und sachgemäßer, sich klar zu machen, daß man alle diese Nuancen nur und allein aus dem jeweiligen Kontext erheben kann. Im Dekalog steht aber kein entsprechender Kontext zur Verfügung. Und das gilt nicht nur für uns, es galt schon für den damaligen Hörer. Auch für ihn werden deshalb wahrscheinlich eher mehrere oder alle dieser Bedeutungsvarianten angeklungen haben; und gerade das dürfte mit dieser Formulierung beabsichtigt sein. In der Reihe der alttestamentlichen Formulierungen der Verbote anderer Götter steht die Formulierung des Dekalogs jedenfalls völlig isoliert da.[96] Das ist sicher Absicht. Sie soll *alle* Möglichkeiten überhaupt abdecken, andere Götter zu »haben«, also jede denkbare Art von Beziehungen zu irgendwelchen Gottheiten. Und wenn man vom Prolog herkommt, von der in ihm beschriebenen Beziehung zwischen Jahwe und dem Angeredeten, ist die so stark personale Formulierung durch das Wort »Angesicht« an dieser Stelle sicher kein Zufall. »Wir finden . . . die Redeweise vom ›Angesicht Gottes‹ dort, wo eine Beziehung des Menschen zu Gott oder Gottes zu den Menschen ausgedrückt werden soll. Durch die Verwendung des Wortes ›Angesicht‹ wird dabei diese Beziehung mit entsprechenden Verhaltensweisen unter Menschen verglichen und als personales Geschehen charakterisiert.«[97] Jede andere Beziehung wäre eine Entwertung bzw. Verwerfung derjenigen, die zu Jahwe besteht.

Nun ist die Formulierung des 1. Gebotes keine monotheistische. Sie bestreitet die »Existenz« anderer Götter nicht, sie setzt sie voraus. Es ist heute communis opinio der alttestamentlichen Wissenschaft, daß es einen wirklichen Monotheismus erst ab der Exilszeit, vor allem mit Deuterojesaja einsetzend, gegeben hat – in Anfängen[98]. Im Dekalog jedenfalls ist die Forderung, neben der Beziehung zu Jahwe keinerlei andere zu anderen Göttern zu haben, in »polytheistischer Sprache« formuliert. Auch die Wendung vom »eifersüchtigen Gott« (ʾēl qannāʾ; Ex 20,5 / Dtn 5,9; vgl. Ex 34,14; Jos 24,19; außerdem Dtn 4,24; 6,15; Nah 1,2) setzt andere Götter voraus. Nur wenn es gelingt, die polytheistische Welt und ihr religiöses Denken jedenfalls in Umrissen und für einen Moment wieder erstehen zu lassen, kann der Ursprungssinn des 1. Gebotes deutlich werden. Norbert Lohfink hat den dazu wichtigen Versuch gemacht, in unserer »monotheistischen Sprache« das Wesen eines polytheistischen Gottes zu beschreiben.

»›Monotheistisch‹ gesagt, spricht der Polytheist, wenn er von einem ›Gott‹ spricht, gar nicht von Gott, wie er in sich ist, sondern von dem einen Gott, wie er in sich ist und wie er in einem bestimmten Zusammenhang vom Menschen erfahren wird, ineins. Die Erkenntnis Gottes aus der irdischen Wirklichkeit geschieht ja jeweils im Zusammenhang einer konkreten und einzelnen innerweltlichen Erfahrung. Für den antiken Menschen war das vor allem die Begegnung mit dem Kosmos . . . Machte ein Mensch oder eine Gruppe in einem solchen konkreten Zusammenhang die Erfahrung der Transzendenz, ging dabei auf, daß hinter dieser Einzelwirklichkeit unendliche Tiefe und jenseitige Huld stehen, dann wuchs diese religiöse Erfahrung mit dem konkreten Anlaß zur Gestalt einer Gottheit zusammen. Gemeint war das erfahrene Jenseits. Um es benennen und verehren zu können, verdichtete man es in die göttliche Gestalt. Da es viele solcher Erfahrungen gab, gab es viele Gestalten. Also viele Götter.« »Mit einem gewissen Recht könnte man also sagen, eine polytheistische Gottheit sei nie ein in sich existierendes Wesen gewesen, sondern die Benennung einer konkreten Möglichkeit unter vielen, dem in sich unfaßbaren Jenseits Gottes, des Einen, zu begegnen. Ist das aber das Wesen eines polytheistischen Gottes, dann wird sofort verständlich, warum diese Götter so wandelbar sind, warum sie sich aufspalten und wieder vereinigen können, warum vor allem ein einziger Gott aus den vielen Göttern, an die man glaubt, dann, wenn man ihn verehrt, plötzlich alles Göttliche in sich versammeln kann. Es ist dann auch systemkonform, daß die religiöse Erfahrung und der religiöse Akt sich in einer anderen Lebenssituation oder mindestens an einem anderen Ort und unter anderen Menschen fast notwendig mit einem anderen Gott verkoppeln.«[99]

In einer derartigen religiösen Welt, wie es die Umgebung Israels war und wie sie selbst in Israel mindestens teilweise sich durchgesetzt hatte, tritt nun Jahwe als »eifersüchtiger Gott« auf. Ist »die natürliche Eigenschaft des antiken Polytheismus . . . die Toleranz«[100], so läßt Jahwe keinerlei Beziehungen zu anderen Göttern zu. Lohfink betont zu Recht, daß das mit der Behauptung einzigartiger Offenbarung unmittelbar und unlösbar zusammenhängen muß. »Wenn Israel also die Verehrung anderer Götter verboten wird, dann wird ihm verboten, andere Weisen der Begegnung mit Gott zu versuchen.«[101]

Eine der notwendigen Konsequenzen des Festhaltens an dieser einen Weise der Gottesbegegnung mußte – entgegen weitverbreiteter Meinung – geradezu so etwas wie ein verstärkter »Synkretismus« sein, wenn auch ein andersartiger als in der Umwelt. Denn auch Israel machte ja neue und neuartige, andere und andersartige Erfahrungen, und sie hatten auch oft genug eine unabweisbar religiöse Seite. Aber sie alle konnten nun eben nicht zu neuen und anderen Gottesgestalten »verdichtet« werden, sondern mußten an diesem einen Gott gemessen, als neue Erfahrungen desselben Gottes gestaltet werden. Was Israel etwa im Bereich des Kosmos, der Natur, aber auch im Bereich der Geschichte, der menschlichen Begegnungen etc. erfuhr, all das mußte, wenn auch sicher auf sehr unterschiedliche Weise, mit dieser einen Grunderfahrung, mit diesem intoleranten Gott zusammengedacht werden. So radikal neu auch die Erfahrungen sein mochten, und man mag an teilweise äußerst negative Aspekte der eigenen Geschichte denken, vom Zusammenbruch alter Wertsysteme bis hin zur Exilierung des eigenen Volkes, es war und blieb untersagt, darin die Erfahrung neuer und anderer göttlicher Gestalten zu sehen bzw. sie in solche zu »verdichten«. Damit aber war unausweichlich gegeben, daß sich die »Gestalt« Jahwes selbst ständig verändern mußte. Denn in ihr und nur an ihr konnte und mußte sich all das Neue abspielen; nur so konnte er er selbst bleiben. Deshalb ergab sich die *theologische* Notwendigkeit der religionsgeschichtlichen Auseinandersetzung, der Aufnahme und der Kritik der Eigenschaften anderer Götter, wie das so vielfältig beobachtet werden kann.[102] Man denke an die vielen Übernahmen göttlicher Epitheta von den Göttern der Nachbarn, freilich auch an die rigide Freihaltung, ja Freimachung Jahwes von bestimmten inhaltlichen Zügen. Jahwe konnte, gerade als der einzige Gott für Israel, nicht der Gott der Wüste, der frühen Stämme, auch nicht der der Königszeit oder des Deuteronomiums bleiben – wenn er er selbst bleiben wollte.

Nun wäre es historisch, methodisch und vor allem theologisch falsch, gerade für das Verständnis des Dekalogs, diesen Gott als eine unbestimmte und letztlich inhaltlose Gottesmacht zu verstehen, ihn auf ein abstraktes göttliches Prinzip zu reduzieren. Die im ersten Gebot begründete theologische Notwendigkeit der Veränderung Gottes ist kein Selbstzweck und kein Abstraktum. Dieser Gott ist im Dekalog und ihm verwandten Texten gerade *inhaltlich* festgelegt: Es ist der Gott, der sich selbst definiert durch die Freiheit der von ihm angeredeten Israeliten. Daran gilt es festzuhalten. Neben dieser Freiheitsmacht kann und soll es keine anderen Götter geben. Alle Erfahrungen, die Israel machte, ob positiv oder negativ, ob sie dem Einzelnen widerfuhren oder der kleinen Gruppe oder dem Volk im Gan-

zen, sie alle waren mit diesem Jahwe zu verbinden und damit an der Grunderfahrung der Freiheit zu messen. Sich anderen Göttern zuzuwenden heißt, den Grund der eigenen Freiheit aufzugeben.
Natürlich gibt es neben diesem Gott andere Götter. Aber neben dem als freiheitsstiftende Beziehung gedachten Gottesverhältnis kann Israel keine anderen Beziehungen haben. Damit würden das Gottesverhältnis und die eigene Freiheit verworfen, zumindest aber entscheidend entwertet. Israel »kennt keine anderen Götter«, wie die typische Formulierung des Deuteronomiums lautet (Dtn 11,28; 13,3.7.14; 29,25). Und es kann sie nicht kennen, als Götter nicht kennen, ohne andere Erfahrungen neben die der Freiheit und des in ihr erfahrenen Gottes zu setzen, und diese damit zu verlieren.

»Du sollst dir kein Bild machen . . .«[103]

Das verwendete hebräische Wort *päsäl* meint eine (kleine) Götterstatue, vor allem ein geschnitztes Bild. Im Dekalog neben dem Fremdgötterverbot ist damit sicher in erster Linie das Anfertigen von Jahwe-Bildern gemeint, denn die von anderen Göttern sind ja bereits im ersten mitverboten worden. Jahwebilder hat es nach einigen alttestamentlichen Texten (vor allem Ri 17,4; 18,17f) durchaus gegeben, und sie scheinen für gewisse Zeiten und in gewissen Kreisen keine Probleme bereitet zu haben. Auch archäologisch sind Zeichnungen von ihm möglicherweise jetzt in Kuntillet ʿAjrud belegt.[104] Die umstrittene und kaum ganz zu beantwortende Frage, ob es daneben eine alte Tradition der Bildlosigkeit Gottes von Anfang an gegeben hat, oder ob sie sich erst allmählich und im Gegenüber zur kanaanäischen Religion ausgebildet hat, kann und muß hier außer Betracht bleiben.[105] Spätestens seit dem Propheten Hosea jedenfalls ist sie essentieller Bestandteil des (reinen) Jahweglaubens.

Zusammen mit dem ersten Gebot und dem Sabbat gehört das Bilderverbot zu den Besonderheiten Israels, die in der Religionsgeschichte, vor allem aber der altorientalischen Umwelt keine Parallele haben. Nicht zuletzt deshalb ist sein präziser Sinn, seine theologische Kernwahrheit bis heute kaum exakt zu erfassen. Um sich dieser Frage anzunähern, sind in aller Kürze einige Klarstellungen notwendig. Dazu gehört die Tatsache, daß in den Religionen der umliegenden Völker niemals ein Götterbild das Wesen eines Gottes ganz erfassen kann und soll.[106] Nirgends ist die Gottheit mit dem Bild identisch. Dieses ist vielmehr so etwas wie ein Offenbarungsmedium, ein Garant der Anwesenheit Gottes. Die Ikonen der Ostkirche sind in mancher Hinsicht durchaus vergleichbar, in ihnen hat sich ein Rest antiker Götterbilder erhalten. In Israel gibt es zwar später Götzenpolemiken (etwa Jes 44,9ff; Jer 10,3ff), deren rationalistischer Spott auch immer eine Karikatur heidnischer Götterbilder enthält. Für den Dekalog und die ihm naheliegende Literatur dürfte aber eine solche Karikatur noch nicht anzunehmen sein.

Ein weiterer wichtiger Punkt ist, daß Bilder nicht nur in der gesamten damaligen Welt eine große Rolle gespielt haben, sondern – entgegen mancher noch heute zu hörenden Meinung – auch im alten Israel. Es war keineswegs grundsätzlich bilderfeindlich eingestellt oder statt auf Bilder stärker auf das Hören »des Wortes« aus. Die große Fülle damaliger Bilder tritt immer stärker in unser Bewußtsein, nicht zuletzt durch die dafür wichtigen Arbeiten von O. Keel.[107] Viele Zusammenhänge und viele Wahrheiten sind auch und gerade für den damaligen Israeliten nur durch Bilder darstellbar und erfahrbar gewesen. Die vielen herrlichen Siegelbilder der Königszeit geben davon eindrucksvoll Zeugnis.

Ein dritter Punkt ist, daß das Bilderverbot die große Fülle *sprachlicher Bilder* für Gott und sein Handeln, die das Alte Testament enthält und die vor allem die Prophetie (Hosea!) so tief prägen, nicht nur nicht mitmeinte und also verbot, sondern daß sie der Sache nach gerade mit dieser Vorstellung eines abbildlosen Gottes zusammenhängen. Zu diesen Bildern gehören auch die für uns nach wie vor oft befremdlichen Anthropomorphismen, die von Gott wie von einem Menschen reden. Aber dieser Gott *war* erfahrbar für Israel, und diese Erfahrungen konnten und mußten weitergegeben werden. Keines der Bilder jedoch, auch keines der sprachlichen Bilder, konnte ihn fassen, ihm entsprechen, alle mußten einmalig und austauschbar bleiben. Zwar war die Übertragung des Bilderverbotes auf jede begriffliche Rede von Gott noch keine Sache der alttestamentlichen Zeit, und doch ist diese Übertragung sicher sachgemäß und vor allem notwendig. Von da aus wird das Bilderverbot in der Tat zum »Kriterium theologischen Redens von Gott«[108].

Versucht man nun, von diesen Klarstellungen aus nach dem ursprünglichen Sinn des Bilderverbotes in der damaligen Welt zu fragen, so wird man vor allem zwei Dinge herausstellen müssen. Da ist zum einen sein deutlich antikanaanäischer, besonders gegen Baal gerichteter Impuls. Hatte Israel, wie anzunehmen ist, keine eigene ausgeprägte Bildtradition, so entstanden bei jedem Versuch, »Jahwe darzustellen, . . . statt Jahwe- Baʿalsbilder«[109]. Und doch dürfte das Gebot kaum allein aus dieser antikanaanäischen Tendenz abzuleiten sein. Der älteste Kommentar, den wir haben (vor und neben Dtn 4) ist die Erläuterung in Ex 20,4b. Im ganzen Bereich des Kosmos gibt es keine »Gestalt«, die hier heranzuziehen wäre. Von hier aus dürften trotz aller Unsicherheiten wohl diejenigen im Recht sein, die im Bilderverbot im Kern die grundlegende Unterscheidung von Gott und Welt angedeutet sehen.[110] Dieser Gott kann grundsätzlich mit keinem Stück Welt identifiziert werden. Keines kann ihn selbst offenbaren.

Doch dürfte ein solches Verständnis des Gebotes, so richtig es im Prinzip ist, für die alttestamentliche Zeit wiederum zu abstrakt gedacht sein. Es muß vor allem im Dekalog mit der inhaltlichen Grunderfahrung dieses Gottes zusammenge-

dacht werden. Jahwe definiert sich im Prolog, wie im Alten Testament überhaupt, durch sein befreiendes Handeln an Israel – und nur dadurch. Es ist also die Beziehung zu Israel, zu jedem, der im Dekalog angesprochen ist, es ist die darin begründete, geschichtlich-konkret erfahrene Freiheit, die den entscheidenden Teil seiner Selbstdefinition ausmacht. Und das darf nicht abgebildet werden; das *kann* mit keinem abbildbaren Stück Welt identifiziert werden. Gehört Israels Freiheit zu Gottes Selbstdefinition und zwar eine in der Beziehung zum Gott des Exodus liegende und erfahrene Freiheit, dann kann nichts *anderes* zum Offenbarungsmedium werden. Bei diesem Gott bleiben heißt auch, die in dieser Beziehung erfahrene Macht der Freiheit nicht in einem Bild zu verdichten. Derartiges wäre in jedem Falle eine starke *Entwertung* der bestehenden Beziehung.
Vom Prolog her gelesen, betreffen die beiden ersten Gebote Grundmöglichkeiten der Auflösung und Entwertung der in ihm angesprochenen Beziehung.

»Du sollst den Namen Jahwes deines Gottes nicht zu trügerischem Zweck aussprechen«

Der Umschlag von der Jahwerede des Dekalogeingangs zum Sprechen über Jahwe in dritter Person, das in diesem Gebot beginnt, hat wahrscheinlich weitreichende traditionsgeschichtliche Hintergründe.[111] Er ist aber auch in der Sache begründet. Denn bei den ersten beiden Geboten ging es um ein Verhalten, das unmittelbar die Gottesbeziehung betraf, in sich selbst evidentermaßen ein Stück Kommunikation mit Gott darstellte. Schon hier beim dritten Gebot dagegen geht es um das Verhalten zu anderen Menschen. Es ist allerdings dasjenige, das dabei den Namen Jahwes benutzt, ja in seinem Namen stattfindet. Es geht also um die Verwendung Gottes und der Beziehung zu ihm im Gegenüber zu anderen Menschen.

Was ist gemeint? Versucht man das aufzuspüren, wird man allen Versuchen, in diesem Gebot einen möglichst präzisen, damit aber auch eingeschränkten Sinn zu finden, von vornherein mit großer Skepsis begegnen müssen. Viel eher ist zu vermuten, daß alle denkbaren Versuche, mit dem Namen Jahwes Mißbrauch zu treiben, im Blick sind und ausgeschlossen werden sollen. Der hebräische Ausdruck jedenfalls, der hier verwendet wird, heißt wörtlich »den Namen aufheben« *(nś' šem)*. Er kommt außer im Dekalog im Grunde nur noch ein einziges Mal vor.[112] In Ps 16,4 sagt der Beter in einer ansonsten recht dunklen Passage: »Ich will . . . ihre Namen nicht auf meine Lippen nehmen.«[113] Er spricht hier von anderen Göttern und weigert sich nicht nur, ihnen zu opfern, sondern er will sogar ihre Namen nicht in den Mund nehmen. Bereits das wird offenbar als eine Art Abfall gewertet. Man muß dazu wissen, daß in der gesamten deuteronomischen Theologie, die man als eine einzige Warnung vor anderen Göttern auffassen kann, kein Mal eine dieser Gottheiten mit Namen erwähnt wird.
Das Gebot formuliert also sehr allgemein: Jahwes Namen (zu Falschem) in den Mund nehmen. Diese Allgemeinheit wird, wie gesagt, kein Zufall sein. Es wäre ja leicht gewesen, hier präziser zu formulieren und etwa vom »Schwören« bei Jahwe zu sprechen. Deshalb ist es sehr problematisch, den Sinn des Gebotes ausschließlich in dem Verbot des Meineids zu sehen, wie jüngst wieder geschehen.[114] Natürlich ist das von der vorliegenden Formulierung mit umschlossen. Und deswegen ist es durchaus sinnvoll, sich die große Rolle des assertorischen Eides zu vergegenwärtigen: Das gesamte Rechtswesen war auf solche Eide angewiesen. Bei sehr vielen menschlich nicht aufklärbaren Fällen wurde er angewendet; und wie viele waren das bei dem damaligen Stand der Kriminaltechnik. Sehr oft, wenn Aussage gegen Aussage stand, Zeugen fehlten etc. entschied ein assertorischer Eid – geschworen im Namen Jahwes (vgl. nur Num 5,11ff; 1Kön 8,31ff).[115]

Aber der Gottesname wird nicht nur bei Eiden verwendet. Das allein gäbe zudem eine enge Beziehung und Überschneidung mit dem Verbot des falschen Zeugnisses vor Gericht (Ex 20,16). Der Jahwename wird auch verwendet bei Zauberei, beim Fluch, bei Gotteslästerung, bei falscher Prophetie, bei (falschen) Gelübden usw.[116] Auf diese Möglichkeiten kommt man auch, wenn man dem hier verwendeten Wort *šāw'* nachgeht. Es wird im Alten Testament »meistens in einem recht allgemeinen Sinn von ›Trug‹ oder ›Bosheit, Falschheit‹ verwendet: im Kontext der Rechtsprechung . . ., des Götzendienstes . . . und der falschen Prophetie«[117]. Vielleicht, aber nur vielleicht, steht bei diesem Wort ein (ehemals) spezifisch magischer Sinn im Hintergrund.[118] Es geht also offenbar darum, daß das In-den-Mund-Nehmen des Gottesnamens zu jedem denkbaren bösen, schädlichen, lügnerischen, trügerischen Zweck verboten wird. Unter Berufung auf den Namen Gottes und in seinem Namen soll keinerlei Unrecht geschehen.
Nun muß man aber weitere Aspekte beachten. Der Name ist damals grundsätzlich mehr gewesen als das sprachliche und begriffliche Phänomen, das er für uns ist.[119] Insbesondere gilt das von Jahwe. Das dem Dekalog so nahestehende Deuteronomium etwa hat eine ganze Theologie des Jahwe-Namens entwickelt. Der Name Gottes ist es, der im Tempel wohnt. Dort kann er angerufen werden. Man wird sagen müssen, daß diese Rede vom Namen Teil einer ausgebauten Offenbarungstheologie ist. Denn in ihr wird Gott von seiner Offenbarung, seiner in Israel anwesenden und anrufbaren Seite unterschieden – und doch untrennbar mit ihr zusammengeschlossen. Das liegt in dieser ausgebauten Form im Dekalog sicher noch nicht vor. Aber der Name ist nie nur Schall und Rauch. Und die Namensoffenbarung Jahwes (vgl. bes. Ex 3, bes. V. 14) hängt damit zusammen: Mit seinem Namen gibt er sich selbst, sein Wesen zu erkennen.
Deckt also der Name Gottes die den Menschen zugewen-

dete, von ihnen gekannte und deshalb auch benutzbare Seite Gottes ab, so geht es in diesem dritten Gebot um folgendes: Es verbietet jeden denkbaren Mißbrauch Gottes und seiner Macht. Ist Jahwe als der definiert, der die Angeredeten befreit hat, so werden hier alle denkbaren Pervertierungen der Freiheitsmacht verwehrt. Alles Heranziehen und Verwickeln Gottes zu *šāw'*, zu Schädlichem und Trügerischem, zu allem, was nicht der kommunikativen Freiheit entspricht, wird untersagt.
Die Begründung dieses Gebotes ist genau auf seinen Inhalt zurückbezogen. Auch sie bleibt allgemein, trifft aber das Wesentliche: Gott wird den, der seinen Namen so mißbraucht, nicht ungestraft lassen. So wird die Folge einer Benutzung der Gottesbeziehung als Instrument negativer Handlungen verdeutlicht: Gott selbst greift ein. Es ist offenkundig, daß damit die konstitutive Gottesbeziehung und deshalb in der Folge auch die darauf gegründete Freiheit des Angesprochenen bedroht ist.
Die drei ersten Gebote sind also deutlich darauf ausgerichtet, die die Freiheit gewährende Gottesbeziehung, die der Prolog benannt hat, zu sichern. Jede Möglichkeit der Verwerfung, der Entwertung sowie des Mißbrauchs wird abgewehrt. Und von der vorhandenen Beziehung her ist die negative Formulierung der Gebote naheliegend und sachgemäß.

»Denke an den Sabbattag, ihn zu heiligen . . .«

Zwischen den auf Gott bezogenen ersten Geboten und den allein das Handeln an anderen Menschen betreffenden steht das Sabbatgebot in zentraler Mittelstellung. Was ist seine Funktion an dieser Stelle?
In beiden Fassungen des Dekalogs ist das Sabbatgebot das umfangreichste, am weitesten durch Erläuterungen und Zusätzen ausgebaute. Das unterstreicht seine Zentralstel-

lung. Doch hängt dieser Ausbau sicher mit der wachsenden Bedeutung zusammen, die diese Institution in der exilischen Zeit und danach erfuhr.[120] Es ist hier nicht möglich, den Versuch einer genauen redaktionsgeschichtlichen Rekonstruktion der Entstehung und des Wachstums der beiden jetzt vorliegenden Textfassungen zu machen. Auch wäre eine solche Nachzeichnung, unabhängig davon, wie sie ausfiele, in jedem Falle stark hypothetisch. Doch ein Eingehen auf die traditionsgeschichtlichen Fragen ist zum Verständnis des Gebotes unerläßlich.

Das Gebot selbst (Ex 20,8 / Dtn 5,12a) ist das einzige, das einen terminus technicus benutzt. Man versteht es nur, wenn man weiß, was ein »Sabbat« ist. Die Erläuterungen machen in beiden Fassungen klar, um was es inhaltlich geht: Um ein Nichtarbeiten im regelmäßigen Abstand von sieben Tagen. Dabei wird im ganzen Gebot ein kultischer oder spezifisch religiöser Sinn der Institution bestenfalls angedeutet, etwa durch das Wort »heiligen«. Doch sind keinerlei gottesdienstliche Handlungen o. ä. erforderlich oder eindeutig vorausgesetzt. Es geht um die Arbeitsruhe, darum, jeden siebten Tag durch Nichtstun zu heiligen.

Nun wird in den beiden Gesetzen Israels, die deutlich älter sind als der Dekalog, im Bundesbuch und in Ex 34, eine solche regelmäßige Arbeitsruhe gefordert, ohne daß dabei das Nomen »Sabbat« gebraucht wird[121]:

»Sechs Tage lang sollst du deine Arbeit tun, aber am siebten Tag sollst du aufhören *(šbt)*, damit dein Rind und dein Esel ausruhe und der Sohn deiner Sklavin und der Fremde aufatme« (Ex 23,12). »Sechs Tage sollst du arbeiten, aber am siebten Tag sollst du aufhören *(šbt)*. Beim Pflügen und beim Getreideernten sollst du aufhören« (*šbt;* Ex 34,21).

Vor dem Dekalog ist hier also der regelmäßige Ruhetag bezeugt, der der Sache nach auch im Dekalog gemeint ist. Das ist der Kern, den es festzuhalten gilt. Und das Ruhen wird mit dem hebräischen Verb *šbt* benannt, das sonst im

Alten Testament ganz profan »aufhören, beenden« bedeutet.[122]

Es ist unumgänglich, hier kurz auf die so vielverhandelte und umstrittene Frage nach dem Ursprung des Sabbat einzugehen. Die besondere Schwierigkeit liegt darin, daß dieser siebentägige Rhythmus so ganz unabhängig von jeglichem Naturgeschehen, etwa den Mondphasen ist. Das ist auch das Singuläre in der damaligen Welt. Und die Differenz ist so groß, daß es kaum möglich erscheint, ihn aus derartigen Rhythmen abzuleiten.[123] Nun ist es aber eine alte Beobachtung, daß das Nomen »Sabbat« in klar vorexilischen Texten so häufig mit »Neumond« zusammen erscheint, daß bei unvoreingenommener Lektüre alles dafür spricht, auch in diesem »Sabbat« einen Mondtag, am ehesten den Vollmondtag, jedenfalls einen regelmäßig wiederkehrenden und kultisch wichtigen Tag zu sehen (vgl. bes. Am 8,5; Hos 2,13; Jes 1,13; 2Kön 4,23).[124] Dazu kommt, daß dieser »Sabbat« in 2Kön 16,17f mit einem Gebäude im Bereich des Jerusalemer Tempels zusammengebracht wird. Diese zunächst so widersprüchlichen Angaben hat m. E. besonders die Arbeit von Gnana Robinson zu einer recht überzeugenden These zusammengefügt.[125] Danach werden, sehr kurz zusammengefaßt, der Ruhetag an jedem siebten Tag und der ehemalige Vollmondstag »Sabbat« erst in exilischer Zeit zu einer Einheit; die erste Institution nimmt den Namen der zweiten an. Es steht jedenfalls fest, daß es von dieser Zeit an den »Sabbat« als wöchentlichen Ruhetag gegeben hat. Aber daß ein solcher regelmäßiger Tag des Nichtarbeitens überhaupt erst zu dieser Zeit geschaffen worden sein soll, ist eher unwahrscheinlich.[126]

Wie weit man nun dieser These von Robinson folgen will oder nicht, unabhängig davon bleibt festzuhalten, daß der *Dekalog* allein den regelmäßigen Ruhetag im Blick hat. Wäre die These richtig, müßte als Konsequenz angenommen werden, die *Formulierung* des Gebotes sei jünger als die oben herausgestellte Entstehungszeit des Dekalogs.

Aber für den Inhalt, um den es vor allem geht, würde das nicht allzuviel besagen. Es bleibt festzuhalten, daß das Sabbatgebot im Dekalog allein einen regelmäßigen Ruhetag, keine kultische Feier o. ä. im Blick hat.
In dieses Nichtstun soll der gesamte Haushalt einbezogen werden. Sklaven, Fremde und Vieh werden ausdrücklich genannt. Man muß sich möglichst deutlich vorstellen, was es beim damaligen Stand von Technik und Ökonomie sowie dem davon abhängigen »Lebensstandard« bedeutet haben muß, dies einzuhalten. Ex 34,21 betont ausdrücklich die Geltung des Gebotes für die bäuerlichen Hauptarbeitszeiten von Saat und Ernte. Und man hat sogar erwogen, ob das Gebot nicht ursprünglich gerade auf diese Perioden bezogen war. Rein ökonomisch gesehen bedeutete dieser Sabbat immerhin einen Verzicht auf einen nicht unbedeutenden Teil des Einkommens.
Die Begründungen, die im Dekalog wie an anderen Stellen im Alten Testament für das Gebot einer solchen Arbeitsruhe gegeben werden, sind deutlich sekundär. Der ursprüngliche Sinn ist deshalb bestenfalls noch tastend zu erahnen. Robinson[127] u. a. haben dafür auf den Zusammenhang mit der sakralen Brache hingewiesen, die im Bundesbuch für jedes siebte Jahr gefordert wird: »Sechs Jahre lang sollst du dein Land besäen und sollst seinen Ertrag einsammeln; aber im siebten sollst du es sich selbst überlassen und dich nicht um es kümmern; und die Armen deines Volkes sollen essen, und was sie übrig lassen, soll das Getier des Feldes essen. Genau so sollst du es mit deinem Weinberg und deiner Ölbaumpflanzung machen« (Ex 23,10f). Auch hier wird, wie bei den ältesten Texten für den wöchentlichen Ruhetag, eine Begründung nicht explizit gegeben. Sie ist bestenfalls in allergröbsten Umrissen zu erahnen. Das Verbum, das hier verwendet wird *(šmṭ)*, heißt – ganz profan – »loslassen, sich selbst überlassen«[128]. Und ähnlich wie bei *šbt*, »aufhören«, ist damit zwar der Vorgang, nicht aber seine Bedeutung gegeben. Manches spricht dafür, daß die

hier gegebene soziale Begründung, die Ernährung der Armen, bereits eine auf der Ebene des Bundesbuches anzusiedelnde spätere Schicht darstellt. Am Anfang könnten für uns kaum noch faßbare Vorstellungen religiöser Art gestanden haben, die mit dem Geber des Landes, Jahwe, zusammenhängen.[129] Das Land, von dem man lebt, soll im regelmäßigen Rhythmus von sieben Tagen und sieben Jahren losgelassen, sich selbst überlassen, allein Gott ausgesetzt werden. Das ist sehr vage, aber jeder Schritt darüber hinaus wäre pure Spekulation. Für die *Geschichte* des Sabbat wie des Sabbatjahres sind derartige Gedanken eher theo-ökologischer Natur *nicht* entscheidend gewesen. Mehr als eine Initialzündung in der mündlichen Tradition vor der ältesten schriftlichen Gesetzesfassung ist nicht mehr festzustellen. Und auch das ist nur in Umrissen zu erahnen. Im klaren Licht der Texte und damit der Geschichte liegen die sozialen Begründungen.
Im Dekalog jedenfalls ist in diesem Gebot wie in sonst keinem der Rückbezug auf den Prolog auch sprachlich gegeben: »Sechs Tage sollst du arbeiten . . .« (Ex 20,9). Das Verb, das hier mit arbeiten übersetzt werden muß (*ʿbd*), ist dasselbe, das auch im »Sklavenhaus« des Anfangs steckt. Zudem werden wie sonst nur noch im zehnten und letzten Gebot die Sklaven ausdrücklich mit einbezogen. Nicht nur Sklaven, auch freie Bauern, wie sie hier angesprochen werden, müssen arbeiten. Und sollen es auch (Ex 20,9). Allerdings darf man hier keinesfalls eine positive (lutherische) Berufsethik oder etwas Ähnliches hineinlesen. Die bäuerliche Arbeit dieser Zeit in Palästina war hart, war Mühe, Qual und Schweiß. Die Erzählung von der Vertreibung aus dem Paradies hat hinsichtlich der Einschätzung solcher Arbeit sicher den damaligen Menschen, vor allem den Bauern Geläufiges gesagt, wenn sie in Gen 3,17ff den Acker für verflucht ansieht und formuliert: »Mit Mühsal sollst du von ihm essen alle Tage deiner Lebenszeit. Dorngestrüpp und Disteln soll er dir tragen und das Kraut des Feldes sollst du

essen; im Schweiße deines Angesichts sollst du Brot essen . . .«[130] Das beschreibt den bäuerlichen Alltag. Arbeit in diesem Bereich und Sklavenarbeit sind nicht allzuweit voneinander entfernt.

Befreiung aus dem Sklavenhaus, wie sie der Prolog voraussetzt, heißt *nicht* Befreiung von solch harter Arbeit auf dem verfluchten Acker. Es gehört aber zu dieser Befreiung, den wöchentlichen Ruhetag zu praktizieren. Die geforderte Ruhe ist das praktizierte Gegenteil von Sklavenarbeit. So geht es in diesem Gebot, liest man es vom Prolog her, um die exemplarische Wahrnehmung und Praktizierung des von Jahwe geschenkten Status der Freiheit, in dem sich die Angeredeten befinden.

Und an dieser Wahrnehmung der gewährten Freiheit im wöchentlichen Ruhetag nehmen *alle* teil: auch die, die selbst nicht in gleicher Weise zu den im Prolog angeredeten Befreiten gehören. Das, was sonst nur an *Voraussetzung* in den Dekalog eingeht, die befreiende Macht Jahwes, schlägt hier exemplarisch und zeichenhaft bis zu denen durch, die daran sonst nicht partizipieren. Daß die Fassung von Dtn 5 diesen Rückbezug auf den Prolog noch erheblich verstärkt (V. 15), soll hier nur angemerkt werden.

Vom Prolog her und seinem Thema ist der Sabbat nicht zufällig Zentrum und auch nicht zufällig positiv formuliert (obwohl die sprachliche Form letztlich nicht ausschlaggebend sein kann). In den vorangehenden (und in anderer Weise in den folgenden) Geboten geht es um die Bewahrung der gewährten Freiheit – hier um ihre Praktizierung.

»Ehre deinen Vater und deine Mutter . . .«

Mit dem Elterngebot setzt die Reihe der Sozialgebote ein. Diese Stellung ist oft kritisiert und – durch Umstellung – beseitigt worden. Warum steht nicht das gewichtigere und viel grundsätzlichere Tötungsverbot an der Spitze? Zudem wird durch die jetzige Reihenfolge angeblich Zusammengehöriges auseinandergerissen: Das Tötungsverbot steht zwischen den beiden auf den Bereich »Familie« bezogenen Geboten. Vor allem der Versuch von Hartmut Gese[131], im Dekalog eine paarweise Anordnung der Gebote zu finden, scheitert an dieser Stelle und mit ihm die weitreichenden Konsequenzen, die daran hängen sollen. Gese kann sich nur noch durch Umstellung retten. Und die ist durch nichts begründet – als durch unsere heutigen Vorstellungen von Rang und Zusammengehörigkeit der Gebote.

Denn die Spitzenstellung des Elterngebotes ist sicher kein Zufall. Einmal stehen auf diese Weise die einzigen beiden positiv formulierten Gebote zusammen in der Mitte. Nur sie fordern ein bestimmtes Tun, alle anderen nur die Unterlassung von etwas. Zum anderen entspricht die Spitzenstellung der Tatsache, daß es auch im Blick auf die Häufigkeit der Belege an der Spitze der ethischen Weisungen im Alten Testament steht. In allen Rechtssammlungen (Ex 21,15.17; Dtn 27,16; Lev 19,3; 20,9) in den Sprichworten der Weisheit (z. B. Prov 1,8; 19,26; 20,20; 23,22; 28,24; 30,11.17; Sir 3,1–16) wie in der Prophetie (Ez 22,7; Mi 7,6; Mal 1,6) spielt das Verhalten gegenüber den Eltern eine überaus große Rolle.

Die Häufigkeit wie die Stellung im Dekalog lassen die überragende Bedeutung des damit angesprochenen Problems in der Gesellschaft des Alten Israel erahnen. Worum geht es? Schlicht gesagt, ist der Kernpunkt die Frage der Altersversorgung. Es geht ja hier nicht um das Verhältnis von Kindern zu Eltern, sondern von Erwachsenen zu Alten. Eine ganze Reihe von neueren Arbeiten[132], am deutlichsten R. Albertz[133] haben diesen Inhalt des Elterngebotes herausgestellt. Es gab damals keinerlei außerhäusliche Altersversorgung.[134] Die Alten, Kranken, Schwachen waren allein auf die Versorgung durch die Jüngeren angewiesen. Und zwar kamen dafür vor allem die Söhne in Frage, denn die Töchter heirateten in der patrilokalen Gesellschaft des Alten Israel normalerweise nach auswärts.[135] Im Hause und auf dem Erbland blieben die Söhne. Auch der so häufige und dringende Wunsch nach männlichen Nachkommen und die Nöte, die beim Ausbleiben entstanden, haben diesen Hintergrund. Söhne waren lebensnotwendig für die Zeit des Alters.

Offenbar war diese Versorgung oft und vielfältig gefährdet. Das zeigt die Häufigkeit der Mahnungen. Und die in ihnen angesprochenen Möglichkeiten negativen Umgangs mit den alten Eltern kann man sich wohl kaum drastisch genug vorstellen: schlagen (Ex 21,15), fluchen (Ex 21,17 u. ö.), verachten (Ez 22,7 u. ö.), verspotten (Prov 30,17), berauben (Prov 28,24), unterdrücken (Prov 19,26), vertreiben (Prov 19,26). Dahinter wird nicht einfach nur Bosheit und Zynismus gestanden haben. Um die Nöte und Probleme in den Blick zu bekommen, muß man nur für einen Moment einen Text wie Neh 5 oder einige Prophetentexte daneben stellen. In Neh 5[136], einem Text, der sicher Typisches auch schon für frühere Zeiten enthält, wird deutlich, daß in Zeiten der Not zunächst die Söhne und Töchter verpfändet, d. h. in Schuldsklaverei gegeben wurden, ja schließlich sogar in Dauersklaverei an fremde Völker verkauft werden mußten. Bei solchen nicht eben seltenen Vorgängen, wo zuerst die Kinder, dann der Familienvater und seine Frau selbst in die Sklaverei zogen – lag es da nicht nahe und ist gewiß auch oft so praktiziert worden, zunächst überflüssige und inzwischen unnütze Esser loszuwerden?

Parallelen zu diesem Gebot und den dahinter stehenden Problemen finden sich zahlreich in den Nachbarkulturen Israels. Dort allerdings kommt ein weiterer religiöser Faktor dazu: die verbreitete Ahnenverehrung.[137] In Israel, wo jede religiöse Verklärung der Ahnen verboten war (vgl. nur Dtn 18,11), mußte ihre soziale Sicherheit erst recht und anders religiös begründet werden. Auch das macht die Sonderstellung des Elterngebotes verständlich.

Es sind nun auch altorientalische Texte, die mit Sicherheit erkennen lassen, daß das im Gebot benutzte Wort »ehren« nicht nur etwas Geistig-Spirituelles bedeutete, sondern die ganz konkrete materielle Versorgung mit umschloß. Mit verwandten akkadischen Verben wird in Adoptions- und Erbverträgen die Versorgung im Alter geregelt. Diese Texte hat vor allem R. Albertz zur Deutung des biblischen Elterngebotes herangezogen. Nur einer der vielen Texte sei beispielhaft angeführt:

»Adoptionsvertrag des Ḫanadu, Sohn des Kuššija.

Ḫutija, seinen Kompanion/Bruder hat er adoptiert.

Folgendermaßen (hat) Ḫanadu (erklärt):

»Alle Felder, alle Häuser, alle Güter, mein Erbteil, das Kuššija, mein Vater, mir gegeben hatte, gebe ich jetzt hiermit – (indem) ich meinen Anspruch aufhebe – an Ḫutija (meinen Bruder)«. Solange Ḫanadu lebt, wird Ḫutija ihn respektvoll behandeln. Ḫutija wird Jahr für Jahr ein Gewand zu seiner Bekleidung, 5 imēru Gerste (und) 2 imēru Weizen zu seiner Ernährung geben. Wenn Ḫanadu stirbt, wird Ḫutija ihn beweinen und begraben.

Folgendermaßen (hat) Ḫanadu (erklärt):

»Meine Erbschaftsurkunde habe ich an Ḫutija ausgehändigt.«[138]

Hier wird ganz deutlich, was mit »ehren« bzw. »respektvoll behandeln« gemeint ist: »nämlich die jährliche Versorgung mit Kleidung und Nahrung bis zu seinem Tod und danach ein würdiges Begräbnis.«[139] Andere Texte lassen noch weiteres erkennen. So gehört dazu der Verzicht auf Prozesse gegen die (Adoptiv-)Eltern.

Das Elterngebot im Dekalog meint also »konkret die angemessene Versorgung der alten Eltern mit Nahrung, Kleidung und Wohnung bis zu ihrem Tod, darüber hinaus einen respektvollen Umgang und eine würdige Behandlung, die trotz der Abnahme ihrer Lebenskraft ihrer Stellung als Eltern entspricht. Dazu gehört schließlich eine würdige Beerdigung.«[140]

Nun entspricht das nicht nur ihrer Stellung als Eltern, sondern, hineingestellt in einen Zusammenhang mit dem Prolog, auch ihrer Stellung als von Jahwe befreite Israeliten. Es geht darum, denen, die im Alter das Land nicht mehr selbst bebauen können, ein ihrem Status entsprechendes Leben zu gewährleisten. Sie können die Freiheit und das Land, auf dem sie beruht, nicht mehr selbst wahrnehmen. Ihre Freiheit – ihnen wie den Söhnen von Jahwe gewährt – realisiert sich ausschließlich noch über das Verhalten der Söhne. Das Gebot regelt also die Weitergabe der Freiheit durch die Kette der Generationen an ihrem schwächsten Glied.

Der Nachsatz, in dieser Form nur hier auftretend, deutet die realen, auf der Hand liegenden Konsequenzen an. Die Tage auf der von Jahwe verliehenen Ackererde *(ʾădāmā)* können und werden in ihrer Länge dem Verhalten gegen die Eltern entsprechen. Damit wird das zukünftige eigene Schicksal den Angeredeten vor Augen gestellt.

Bis hin zum Elterngebot ist also der Bezug zu der im Prolog angesprochenen kommunikativen Freiheit der Angeredeten sehr deutlich gegeben. Wie aber verhält es sich bei den fünf weiteren Geboten? Da scheint es sich, zumal bei den drei objektlosen Kurzgeboten – töten, ehebrechen, stehlen –, um universale und allgemeingültige Formulierungen und Themen zu handeln. Sie betreffen ja jeden Menschen und sind also auch ohne die im Prolog genannten Voraussetzungen verständlich und gültig. Deshalb ist ihr Bezug zum Thema des Prologs sehr unklar. Liegt dieser Auswahl nicht doch ein allgemeiner Sittlichkeitsbegriff o. ä. zugrunde?

Nun ist zunächst beachtenswert, daß gerade die fünf letzten Gebote keine Folgebestimmungen für den Fall der Übertretung mehr bei sich haben. Das war in der ersten Hälfte anders, hier fehlt derartiges nur beim Sabbatgebot.[141] In allen anderen Fällen aber stehen die Gebote nicht für sich allein; Folgen und Konsequenzen von Einhaltung und

Übertretung werden zumindest angedeutet. Wenn das nun gerade bei den so evidenten Sozialgeboten nicht der Fall ist, kann man natürlich nicht annehmen, daß für Verfasser und Hörer solche Folgen nicht nahelagen. Im Gegenteil, es ist vielmehr davon auszugehen, daß gerade das Fehlen auf ein noch ungebrochenes Denken im Tun-Ergehen-Zusammenhang[142] deutet. Die Folgen waren so selbstverständlich, daß sie kaum erwähnt zu werden brauchten. Was man einem anderen antut, schlägt auf den Täter selbst zurück. Der eigene Status steht in Frage, wo der des anderen angetastet wird. Von dieser unbezweifelbaren Voraussetzung her ist bei den Geboten der zweiten Tafel die Bewahrung der eigenen Freiheit der Angeredeten in jedem Falle durchgängiges Thema. Man kann keinen anderen in einer der Weisen schädigen, die diese Verbote ansprechen, ohne daß es Folgen haben muß, die den im Prolog angesprochenen Zustand in Frage stellen oder aufheben.

Weiter ist zu beachten, daß diese fünf Gebote eine wichtige Differenz aufweisen. Die beiden letzten Gebote – kein falscher Zeuge, nicht begehren – schützen jeweils ausdrücklich den *rē^{aʿ}*, den »Nächsten«. Damit ist innerhalb des Dekalogs doch wohl in erster Linie der gleichgeartete und gleichberechtigte Nächste und Nachbar gemeint. Zwar liegt das nicht einfach im Wort. »Nächster« *(rē^{aʿ})* können im Alten Testament auch andere Menschen sein.[143] Aber der Text des Dekalogs läßt selbst deutlich erkennen, woran er – zumindest in erster Linie – denkt: Leute, die (wie der Angeredete) im Gerichtsverfahren am Tor auftreten können, also voll rechtsfähig sind; Leute, die (wie der Angeredete) ein Haus, eine Frau, Felder, Sklaven, Tiere besitzen. Zwar kann man es nicht als einen Zufall ansehen, daß im Dekalog nicht – wie fast durchgängig im älteren Bundesbuch – alles auf den *ʾīs,* den freien grundbesitzenden Mann, bezogen ist. Hier ist ein weiterer Kreis im Blick. Und »Nächster« ist kein spezifischer Rechtsterminus, sondern kann jeden sozial Nahestehenden meinen. Dennoch haben die

beiden letzten Gebote primär solche Leute im Auge, die im Prinzip den gleichen Status haben wie der Angeredete selbst.
Eine Angabe der Bezugsperson und damit eine gewisse Einschränkung der Geltung fehlt nun bei den drei Kurzgeboten. Sie beziehen sich offenbar uneingeschränkt auf alle Menschen. Und das ist sicher kein Zufall. Auch wenn der Dekalog sie in dieser Formulierung und Zusammenstellung bereits vorgefunden und einer älteren Reihe entnommen hat,[144] ändert das nichts an der Präzision und der Absicht der Formulierung. Zwar spricht durchaus manches bei näherer Betrachtung dafür, daß in der geschichtlichen und vor allem sozialen Situation der Dekalogentstehung auch diese Gebote *primär* andere freie Grundbesitzer im Blick haben. Darauf könnten sich Hinweise etwa aus einer näheren Untersuchung des Sprachgebrauchs der hier verwendeten Vokabeln ergeben. Das hier für »töten« gebrauchte Wort *(rṣḥ)* wird im Alten Testament nie auf das Töten von Sklaven oder Fremden angewendet.[145] Und auch das Ehebruchsverbot hat sicher in erster Linie die Beziehung zu Frauen aus dem gleichen »Stand« wie der Angeredete selbst im Blick. Dennoch läßt der Fortfall jeden Objektes den Anspruch auf universale Geltung deutlich erkennen. Diese drei Gebote gelten ohne Einschränkung. Sie sind nicht auf Standes- oder Klassenunterschiede beschränkt. Natürlich ist gerade bei diesen massivsten Eingriffen in das Leben anderer auch der Tun-Ergehen-Zusammenhang am wirkungsvollsten. Gerade in den Fällen, die damit angesprochen sind, hat ein solches verbrecherisches Handeln in jedem Falle – und unabhängig vom Stand des Opfers – entsprechende negative Folgen für den Täter.
Bereits diese Überlegungen führen zu der begründeten Annahme, Thema der zweiten Dekaloghälfte sei die Bewahrung der eigenen, von Jahwe gewährten Freiheit, indem die gleichartige des Nächsten – ihm wie dem Hörer von Jahwe gewährt – nicht angetastet wird. Aber auch ein entspre-

chendes Verhalten zu anderen Menschen, die nicht zu dieser Gruppe gehören, stellt den von Jahwe gewährten Status durch das Funktionieren des Tun-Ergehen-Zusammenhangs in Frage.

»Du sollst nicht töten«

Geht es also in den jetzt folgenden Geboten darum, anderen nicht das zu nehmen, was man selbst hat, da es beiden von Jahwe verliehen worden ist, so muß es zunächst um das Leben gehen. Es ist die Voraussetzung alles anderen. Und der unbestrittene Grundsinn dieses Gebotes ist: elementare Lebenssicherung des Nächsten und seiner Familie.

Nun stehen gerade beim Tötungsverbot sehr viele gegenwärtige Fragen mit auf dem Spiel. Abtreibung, Euthanasie, Todesstrafe, vor allem aber Kriegsdienst und moderne Rüstung – all das wird ja im Blick auf dieses Gebot diskutiert. Das macht eine grundsätzliche Überlegung lohnend und notwendig. Ist also etwa Töten im Krieg mitverboten oder wird es umgekehrt geradezu freigegeben und erlaubt? In der alttestamentlichen Wissenschaft hat sich dazu fast so etwas wie ein Konsens herausgebildet, der bis in die populären Anwendungen durchschlägt.[146] Der Konsens besteht darin, daß das verwendete Verb *rṣḥ* keineswegs jedes Töten überhaupt meint, sondern nur »ungesetzliches, willkürliches Totschlagen«[147], bzw. »einen Unschuldigen töten«[148]. Ausgehend von dieser Bedeutung des Verbs wird dann vielfach ausdrücklich festgestellt, daß also Töten im Krieg, aber auch Todesstrafe etc. nicht mitgemeint sein können.[149]

Man wird dieses Ergebnis im Ganzen kaum in Frage stellen können. Dennoch lohnt ein näheres Betrachten des Problems, vor allem in methodischer Hinsicht. Zunächst muß man sich klar machen, daß *keines* der hebräischen Verben für »töten«, also auch kein anderes, einfach eine präzise Umschreibung des sachlich gemeinten ethischen Feldes ergeben könnte. Das ist auch im Deutschen nicht anders. Das liegt daran, daß die Worte einer Sprache auf der Ebene der langue, des Sprachsystems, unabhängig von der Verwendung in konkreten Texten, allein durch ihre Beziehung zu anderen – verwandten und entgegengesetzten – Worten definiert sind.[150] Hier liegt ihre »Bedeutung«, linguistisch gesprochen ihre »Intension«. Diese ihnen in *jeder Verwendung* anhaftende »Bedeutung« ist aus dem faktischen Gebrauch, zumal bei einem so relativ schmalen erhaltenen Sprachbestand, wie wir ihn für das Althebräische haben, oft nur mit Einschränkungen zu rekonstruieren. Deshalb fehlt uns ja im Grunde eine wirkliche, aktive Sprachkompetenz für eine solche Sprache. Die »Bedeutung« im genannten Sinne ist jedenfalls nicht einfach mit der Summe der in vorliegenden Texten jeweils *bezeichneten* Größe gleichzusetzen. Genau das aber geschieht weitgehend. Doch sind Bedeutung und Bezeichnung, Intension und Extension sorgfältig zu scheiden. Und beides darf wiederum nicht mit »Begriffen« verwechselt bzw. gleichgesetzt werden, inhaltlichen Vorstellungskonzepten.

Das Verb *rṣḥ*, um das es geht, kommt im Alten Testament nur 47mal vor. Davon 33mal in den Texten über Asylstädte (Num 35; Jos 20f; Dtn 4; 19). Es bleiben außer den Dekalogstellen im qal Dtn 22,26; 1Kön 21,19; Jer 7,9; Hos 4,2; Ijob 24,14; im nif. Ri 20,4; Prov 22,13; und im pi. 2Kön 6,32; Jes 1,21; Hos 6,9; Ps 62,4; 94,6. Überblickt man diese Stellen und fragt, was ihnen allen gemeinsam zugrunde liegt – gerade im Vergleich mit anderen Worten für »töten« – so fällt auf, daß das Wort niemals für das Töten von Tieren verwendet wird, daß dem Vorgang stets etwas Gewaltsames anhaftet, daß es nie für ein Handeln Gottes verwendet wird etc. Damit dürften die wichtigsten für uns faßbaren Unterschiede zu den häufigeren und meist gebrauchten Verben für »töten« benannt sein, zu *hrg* und *mūt* hif. (vgl. aber auch *qtl;* »Blut vergießen« u. a.). Diese Worte entsprechen im Umfang eher dem deutschen »Töten« und können Vorgänge sehr unterschiedlicher Art bezeichnen. Ob es zwischen ihnen noch einen spezifischen Bedeutungsunterschied gibt und wo dieser liegt, bedürfte einer eigenen Untersuchung.

»Das mit Gewalt vollzogene Töten eines Menschen« – so wäre etwa die »Bedeutung« von *rṣḥ* zu umschreiben mit allen Vorbehalten, die bei einer so kleinen Anzahl von Stellen bleiben müssen. Die Asyltexte lassen deutlich erkennen, daß *rṣḥ* sowohl unbeabsichtigten Totschlag, fahrlässige Tötung u. ä. bezeichnen kann (»wenn einem die Axt ausrutscht«), wie den geplanten und heimtückischen Mord. Das Asyl soll ja nur dem ungewollten Totschläger offen stehen. Aber das Wort kann eben *auch* den legitimen und gerechtfertigten Vorgang der Blutrache benennen (Num 35,27), ja sogar die rechtmäßig vollzogene Todesstrafe (Num 35,30). Man darf über diese Stellen nicht so schnell hinweggehen, wie das oft geschieht.[151] Es ist methodisch genauso falsch, von ihnen aus zu sagen »*rṣḥ* schließt die Todesstrafe ein« wie »diese Texte sind Sonderfälle und müssen ausgeklammert werden«. Methodisch kann man nur sagen, daß die feststellbare Bedeutung »gewaltsame Tötung eines Menschen« sowohl Totschlag und Mord wie die darauf erfolgende Gegenreaktion »bezeichnen« kann. Der Inhalt des »Bezeichneten« – wie auch des Nichtbezeichneten (Krieg!) – kann und darf nicht zur »Bedeutung« gemacht werden!

Für das Verständnis des Wortes im 5. Gebot ist aber noch ein anderer Aspekt zu beachten, der in der Literatur vernachlässigt wurde. Das Wort bezeichnet mehrfach Vorgänge, die etwas anderes als persönlicher, physischer Totschlag sind. In 1Kön 21,19 wendet Elia das Wort auf die Tat des Königs Ahab an Naboth an. Der König hatte ihn durch einen Justizmord umbringen lassen; nach außen hin war die Todesstrafe gewiß rechtmäßig vollzogen worden. Und der König hatte sich nicht persönlich an Naboth die Finger schmutzig gemacht, er hatte unter Ausnutzung des Rechtes töten lassen. An Ähnliches ist doch wohl auch dort zu denken, wo das Wort auf das Umbringen von sozial Schwachen bezogen ist. So bezeichnet es in Ps 94,6 das Töten von Waisen (parallel steht mit *hrg* formuliert das Töten von Witwen und Fremden), in Ijob 24,14 das von Armen und Elenden. Dazu kann man Dtn 22,26 nehmen, wo die Vergewaltigung eines Mädchens mit der Tötung eines anderen Menschen gleichgesetzt wird. Hier ist direkt ausgeschlossen, in anderen Fällen ist es unwahrscheinlich, daß der Schuldige *rōṣeaḥ* direkt und mit eigener physischer Kraft den Tod verursacht hat. Arme, Witwen und Waisen sowie vergewaltigte Mädchen werden aller Wahrscheinlichkeit nach eher durch die sozialen Folgen bestimmter Handlungen getötet, die ihnen die Lebensmöglichkeiten rauben, als durch direkten Totschlag. Aber auch derartiges wird mit *rṣḥ* bezeichnet und damit als gewaltsames Umbringen von Menschen.

Auch die zuletzt genannten Aspekte sind im Auge zu behalten, wenn nach dem Sinn des Tötungsverbotes gefragt wird. »Du sollst niemanden umbringen, mit Gewalt töten« – das umschließt vom Prolog her gelesen alle Verhaltensweisen, die direkt oder indirekt den Tod anderer Menschen veranlassen. Dabei sind von Kontext und Anlage des Dekalogs zunächst die Verhaltensformen gemeint, die der *einzelne* angeredete Israelit zu verantworten hat und die im Sinne des Tun-Ergehen-Zusammenhangs die Infragestellung und Aufhebung der im Prolog angesprochenen Freiheit und ihrer Voraussetzung, des Lebens, bedeuten würde.

Alle darüber hinausgehenden Interpretationen sind problematisch. Das gilt für jede Ausweitung, aber auch für jede Einschränkung. Denn: Was nicht formuliert ist und also nicht im Blick war, war auch nicht negativ gemeint. Wenn Krieg hier nicht im Blick ist, dann auch nicht im Sinne des Erlaubtseins, sondern gar nicht. Und daß er es nicht ist, liegt weniger am Wort *rṣḥ*, das zwar im Alten Testament darauf nie angewendet wird, aber sprachlich natürlich jederzeit angewendet werden könnte (genau wie unser »morden«), sondern an der Anlage des Dekalogs, der das – typische und alltägliche – Tun der Einzelnen im Blick hat. Jede Übertragung muß nicht nur die andere Situation, sondern auch die andere Sprache beachten. Gerade dabei aber gilt es festzuhalten, daß es auch hier um die Sicherung der gewährten Freiheit geht. Jedes Töten, das sie in Frage stellt, – »Wer das Schwert nimmt, wird durch das Schwert umkommen« – ist der Sache nach mitbetroffen.

7. »Du sollst nicht ehebrechen«

Vom Prolog her gelesen kommt das Ehebruchsverbot nicht als moralisches oder gar primär sexuelles Verbot in Sicht. Es geht in ihm genau wie beim vorangehenden Tötungsverbot um Lebenssicherung des Nächsten und seiner Familie. Zu seinem Verständnis ist zunächst das Bekannte zu wiederholen, daß in ihm Männer angeredet sind und ihnen damit verboten wird, in eine andere Ehe einzubrechen. Verboten ist also die Beziehung zu einer verheirateten bzw. rechtlich verlobten Frau. Nur die Frau konnte im strengen Sinne die eigene Ehe brechen, der Mann nur die fremde.[152] Das wird etwa in dem Gesetz Dtn 22,22 vorausgesetzt, das bei Ehebruch beide Beteiligte mit Todesstrafe bedroht. Dabei ist in der Fallbenennung nur die Frau als verheiratet bezeichnet; ob der Mann es ist, ist rechtlich unerheblich. Das entspricht ja der bekannten polygynen Ehestruktur, in der dem Mann im Prinzip und auf der Rechtsebene weitere Ehefrauen und Nebenfrauen möglich waren, ebenso aber auch Beziehungen zu Sklavinnen oder Prostituierten.

Um den hier angestrebten Schutz der Ehe des Nachbarn und Nächsten richtig einschätzen zu können, ist ein kurzes Eingehen auf die lebensnotwendige Funktion und Bedeutung der Familie in der damaligen Gesellschaft erforderlich.[153] Leben war damals, jedenfalls außerhalb der wenigen großen Städte, ausschließlich innerhalb einer Familie möglich. In ihrer Hand lag die Produktion alles zum Leben Notwendigen, vor allem der täglichen Nahrungsmittel. Einen Markt gab es daneben bestenfalls in Ansätzen. Die Großfamilie war ökonomisch weitgehend autonom und ihre Größe wie Struktur war auf diese Aufgabe hin angelegt – nicht nur in Israel, sondern tendenziell in allen vergleichbaren Gegenden und Völkern. Nur eine solche Familie konnte – und sie mußte! – Generationen übergreifend die Lebensgrundlage für alle Mitglieder bereitstellen. Dazu gehörte z. B. die Sicherung des Erbbesitzes, das Aufziehen von legitimen Söhnen als Erben und Garanten der Alterssicherung etc. Jede Heirat gründete tendenziell ein neues »Haus« (vgl. Dtn 28,30; Prov 24,27), eine Einheit, in der all das hier Angedeutete stattfand.

Und bei Ehebruch stand natürlich all das auf dem Spiel, mindestens potentiell. Die Legitimität der Nachkommen, die Erhaltung der Familie und ihres Grundbesitzes – um all das ging es dabei auch. Er drohte tatsächlich und ganz real, die Lebensgrundlage des Nächsten und Nachbarn in Frage zu stellen. Und bei den hier vorliegenden patriarchalischen Zuständen wird man auch den massiven Bruch der Eigentumsrechte, der darin liegt, und die psychologischen Ängste und Verletzungen kaum überschätzen können. Dieses Recht ist natürlich ein Recht der Männer. Und auf der Ebene der Gesetze geht es bei Ehebruch um Leben und Tod (Lev 20,10; Dtn 22,22.23f); es handelt sich um ein Kapitaldelikt mit entsprechenden Folgen. Übrigens wissen wir kaum etwas davon, ob und unter welchen Umständen diese Gesetze praktiziert worden sind.[153a] Daß es dabei um Leben und Tod geht, klingt aber auch im Sprichwort an (Prov 23,27f) und in vielen Sätzen der jüngeren Weisheit nach (Prov 2,18; 5,5; 7,26f; vgl. 6,34f); hier ist es aber schon viel stärker als sonst im Alten Testament ins Moralische transponiert.

Tastet Ehebruch die Lebensgrundlage des Nächsten an, berührt er bei den auch hier sicher in erster Linie im Blick befindlichen Vollbürgern die ihnen von Jahwe verliehene Freiheit, so wird verständlich, warum das Gebot an dieser Stelle steht. Das verbotene Tun hat für den Betroffenen wie für den Angesprochenen selbst Konsequenzen, die tief in die im Prolog genannte Realität eingreifen.

Die *letzten drei Gebote* gehören eng zusammen. Sie schützen gemeinsam den Besitz des Nächsten. Und der ist im Prolog als materielle und rechtliche Grundlage der von Jahwe gewährten Freiheit angesprochen worden. Er *ist* das Gegenteil zum Sklavenhaus. Zahlreiche prophetische Anklagen und ein Text wie Neh 5 lassen in aller Deutlichkeit erkennen, wie schnell auch für den freien, grundbesitzenden Israeliten der Verlust des Landbesitzes, der Verkauf von Kindern, Angehörigen, zuletzt von ihm selbst in die Schuldsklaverei drohte.[154] Zunehmende Verschuldung, hohe Zinsen, vor allem das Pfandrecht, das dem Gläubiger bei Verzug den Zugriff auch auf Personen aus der Familie des Schuldners erlaubte – all das stellte ein ansehnliches Instrumentarium zur Verfügung. Für eine ursprünglich nur geringfügige Schuld – »ein Paar Sandalen« (Am 2,6) – konnte der Vollbürger schließlich Land und Freiheit verlieren und damit das, was ihm Jahwe gewährt hatte. Verstärkt wurde das durch die Korruption des Rechtswesens, die dem Verarmten oft noch die letzten Möglichkeiten raubte, sein Recht durchzusetzen. Die ganze Skala der Möglichkeiten, den Nächsten um Besitz und Freiheit zu bringen – und beides gehörte in dieser Zeit sozialgeschichtlich untrennbar zusammen –, die man aus der Prophetie rekonstruieren kann, werden von diesen letzten drei Geboten zusammenfassend angesprochen.

Nun ist aber die Beziehung gerade dieser Gebote zueinander und zu anderen des Dekalogs überaus umstritten. Es sind vor allem die möglichen Überschneidungen des

Ehebruchs- und Diebstahlsverbots mit dem letzten, wo es um »Begehren« der Frau und des Besitzes des Nächsten geht, die Anlaß zur Kritik und neuen Deutungsversuchen gegeben haben. Das Problem verschärfte sich, als man erkannte, daß das mit »begehren« wiedergegebene hebräische Verb *(ḥmd)* keineswegs nur auf Gedankensünden geht, sondern das intendierte Verhalten mitumschließt (vgl. u.). Wollte man nicht direkt mit einer Unausgewogenheit der Komposition des Dekalogs rechnen, ihn also letztlich für eine nicht durchdachte Angelegenheit halten, schien es nur die Möglichkeit der Uminterpretation dieser Gebote zu geben. Davon muß einiges im folgenden mit zur Sprache kommen. Doch sind derartige Versuche problematisch und auch – unnötig.

Hier soll die These vertreten werden, daß sich die drei bzw. vier letzten Gebote zu einer widerspruchsfreien, geschlossenen Einheit zusammenfügen, wenn man sie auf ihre jeweilige *Beziehung zum Recht* hin befragt. Etwa das Verhältnis des letzten zum Ehebruchs- und Diebstahlsverbot und die damit angeblich auftretenden Überschneidungen klären sich auf diese Weise.

»Du sollst nicht stehlen«

Es war Albrecht Alt, der zur Klärung des Verhältnisses des Diebstahlsverbotes zum 10. Gebot einen bis heute einflußreichen Interpretationsvorschlag gemacht hat.[155] Er wies auf eine Rechtsbestimmung im Bundesbuch hin, wo es in Ex 21,16 heißt: »Wer einen Mann stiehlt, . . . soll getötet werden.« Es ist dasselbe hebräische Verb *(gnb)*, mit dem hier das Kidnapping eines freien Mannes *(ʾîš)* bezeichnet wird. Im Zeitalter der Sklaverei und bei hohen Sklavenpreisen zumal war das ein nicht allzu seltenes und vor allem rentables Unterfangen. Und darauf steht eben die Todes-

strafe. Nach Alt ist nun auch im Dekalog solcher Menschendiebstahl gemeint.
Der Vorschlag ist breit aufgenommen worden und heute praktisch bereits katechismusfähig geworden.[156] Doch ist die These völlig unhaltbar; obwohl sie bereits in der späteren jüdischen Auslegungstradition auftaucht.[157] Wenn *das* aber gemeint sein sollte, müßte »man bei ›stehlen‹ die Nennung des Objekts erwarten; denn das bloßes . . . *gnb* . . . einstens ›Menschen stehlen‹ bedeutet haben könnte . . ., widerspricht der Etymologie und allen Belegen«[158]. Was immer man also für traditionsgeschichtlich frühere Stufen des Dekalogverbotes vermuten will, im Dekalog selbst steht kein Objekt, und damit geht es hier schlicht nur um »stehlen«. Gerade der Wegfall der Objekte ist ja für diese Gebote typisch, auffallend – und zu beachten. Natürlich ist auch *so* Menschendiebstahl als schwerste, massivste Möglichkeit miteingeschlossen. Aber alle anderen Arten von Diebstahl auch. Es geht schlicht um widerrechtliche Schädigung des Nächsten an seinem Eigentum.
Diebstahl ist nun eindeutig Bruch der Rechtsordnung. Ist die widerrechtliche Aneignung von Menschen, von Freien und Sklaven, aber auch von Sachen gemeint, so wird damit dem Nächsten unter Bruch des Rechts die Lebensgrundlage oder ein Teil von ihr entzogen. Sie ist aber, vom Prolog her gelesen, Teil seiner ihm von Jahwe gewährten Freiheit vom Sklavenhaus, der Täter schädigt sich damit zugleich an der eigenen, ihm von Jahwe gewährten.

»Du sollst nicht gegen deinen Nächsten als Lügenzeuge aussagen«

Was traditionell mit »Zeuge« übersetzt wird, heißt genauso gut und vom typischen Ablauf eines Prozeßverfahrens im damaligen Israel her sogar vor allem: *Ankläger*.[159] Der *ʿēd*, der Zeuge, ist zugleich Ankläger: Wer ein Verbrechen beobachtet, hat Recht und Pflicht, das Gericht, das aus den Ältesten bzw. allen freien Männern besteht, im Tor der Ortschaft zusammenzurufen und die Anklage zu erheben. Nicht zuletzt diese Doppelrolle macht die Sache potentiell und bei Mißbrauch gefährlich. Als lügnerischer (Ex 20,16: *šäqär)* bzw. falscher (Dtn 5,20: *šāw'*) Ankläger und Zeuge aufzutreten, bedeutet ja, den Nächsten durch Falschaussagen um sein Recht zu bringen. Das kann aber die ganze Skala von Rufmord bis hin zum Verlust des Lebens umfassen. Die Gefährdung z. B. des Eigentums, besonders des ererbten Landbesitzes ist dabei natürlich miteingeschlossen.

Die zahlreichen Warnungen der Rechtstexte vor falschen und meineidigen Aussagen zeigen die große Bedeutung der hier gegebenen Möglichkeiten (vgl. Ex 23,1ff; Dtn 16,19f; 19,16ff; Lev 19,15f u. a.). Die Regelung, jedenfalls im Falle der Verhängung der Todesstrafe, eine Verurteilung nur bei *zwei* Zeugen zuzulassen (Dtn 17,6; Num 35,30; das Dtn will diese Regelung sogar für alle Fälle gelten lassen, Dtn 19,15) zeigt, daß man die Gefahr kannte. Aber auch dieser Schutz konnte umgangen werden, wie der Fall Naboth belegt (1Kön 21, bes. 10.13). Zahlreiche Prophetenworte lassen erkennen, wie der durch Bestechung und Meineid – also falsche Ankläger und Zeugen – manipulierte Rechtsprozeß einer der am häufigsten benutzten Wege war, den Nächsten und seine Familie zu Fall zu bringen: »Jeder liebt Bestechung und jagt Geschenken nach. Der Waise verhelfen sie nicht zum Recht und die Sache der Witwe kommt nicht vor sie« (Jes 1,23; vgl. 21). »(Wehe) die dem Schuldigen Recht geben für ein Bestechungsgeschenk und ›dem‹ Schuldlosen sein Recht absprechen« (Jes 5,23; vgl. 10,1f).[160] Und Micha umschreibt die Folgen davon, daß die führenden Kreise nicht auf das Recht bedacht sind, sehr plastisch: »Sie fressen das Fleisch meines Volkes und ziehen ihre Haut von ihnen ab und zerbrechen ihnen die Knochen und sie zer-

stückeln sie ›wie Fleisch‹ in den Kochtopf, wie den Braten hinein in den Kessel« (Mi 3,1–3; vgl. v. 9–11).[161]
Bei der vielfältigen Verfälschung des Rechts und der Rechtsordnung, wie sie zusammenfassend in diesem vorletzten Gebot im Blick ist, geht es um nichts Geringeres als die Aufhebung bzw. Infragestellung der im Prolog vorausgesetzten Freiheit vom Sklavenhaus. Verboten wird, durch Manipulation des Rechts den Anderen um die Grundlage seiner Freiheit zu bringen oder diese zu schädigen. Eine Folge davon wäre ja auch, daß die Angeredeten auf die gleiche Weise geschädigt und in Frage gestellt wären.

»Du sollst nicht begehren das Haus deines Nächsten . . .«

Neben dem Verhältnis dieses zu den vorangehenden Geboten ist das der beiden Fassungen dieses Gebotes das am meisten diskutierte Problem. Sowohl in Ex 20,17 wie in Dtn 5,21 handelt sich ja im Grunde um *zwei* Gebote. Einmal (Ex 20) steht das »Haus« voran und es folgen – mit dem gleichen Verb eingeleitet – Frau, Sklave, Sklavin und dann das Vieh; im Dtn-Text dagegen steht die Frau voran, es folgen – mit einem anderen Verb (*'wh* hitp.) – das Haus, Feld, Sklave, Sklavin, Vieh. Beides wird abgeschlossen mit »und alles, was sein ist«. Den höchst komplexen Fragen, welche Fassung älter, welche von welcher abhängig ist, soll hier nicht nachgegangen werden.[162] Für die hier verfolgte Fragestellung ist eine Entscheidung in dieser Frage nicht sehr ertragreich. Denn der Hauptpunkt steht in jedem Falle fest: Beide Fassungen wollen, wenn auch auf etwas verschiedene Weise, die Gesamtheit des Besitzes umschreiben.[163] Es geht also ganz explizit um die materielle Grundlage der im Prolog genannten Freiheit. Wie sonst nur im zentralen Sabbatgebot, dort aber unter einem anderen Aspekt, wird hier die Ganzheit des Hauses, des Lebensrau-

mes, des Besitzes und der zum Haus gehörigen Personen angesprochen.
Schon diese kompositionelle Entsprechung zum Anfang des Dekalogs im Prolog und zum Zentrum im Sabbatgebot macht die Bedeutung des 10. Gebotes deutlich. Hier handelt es sich keinesfalls um einen Anhang oder minder wichtigen Ausklang. Wie in jedem Gebot, aber hier noch einmal betont und entfaltet, geht es um das Ganze. Und man wird mindestens vermutungsweise noch einen Schritt weiter gehen können. Wenn man fragt, warum dieses Gebot aus *zwei* Verboten besteht und sich damit von jedem anderen unterscheidet, kann eine Antwort, die etwa die nötige Entfaltung des Begriffes »Haus« nennt, nicht ausreichen; das wäre sprachlich anders zu realisieren gewesen. Es gibt aber im Dekalog eine wichtige Entsprechung zu diesem Doppelgebot am Ende: das von der Erläuterung ebenfalls zum Doppelgebot gemachte Paar aus 1. und 2. Gebot.[164] Fremdgötter- und Bilderverbot sichern die Beziehung zum Freiheit setzenden Gott. Nichtbegehren in der (unterschiedlichen) doppelten Auffächerung sichert die gesamte Lebensgrundlage des Nächsten, Besitz und Familie.[165]
Gerade wenn man vom Gesamtaufbau her die Bedeutung des Gebotes betont, sind die Fragen der Überschneidung mit Ehebruchs- und Diebstahlsverbot wichtig. Dabei ist davon auszugehen, daß *ḥmd* nicht dasselbe wie das deutsche »Begehren« meint und sich keineswegs auf Gedankensünden oder dergleichen beschränkt.[166] Besonders aufschlußreich ist die Verwendung des Verbs in Ex 34,24. Hier geht es um die dreimal im Jahr zu vollziehende Wallfahrt zum Heiligtum. Was passiert mit dem unbewacht zurückbleibenden Land? »Niemand soll dein Land begehren, während du dreimal im Jahr hinauf ziehst, um vor Jahwe deinem Gott zu erscheinen.« Ganz deutlich ist hier nicht nur der Wunsch oder der bloße Plan gemeint. Verhindert werden soll ja der reale Übergriff (vgl. a. Ps 68,17). Also bezieht sich *ḥmd* nicht nur auf Wünsche oder Gedanken, son-

dern umfaßt auch alle Machenschaften, diese Wünsche in die Tat umzusetzen. »Das semasiologische Begriffsfeld von *ḥmd* beschreibt den gesamten anthropologischen Ablauf vom Ansehen über das Empfinden der Freude, ja Lust, sowie das innere Verlangen bis hin zum Besitzenwollen und Besitzergreifen.«[167] Bessere deutsche Übersetzungen wären: »streben nach, aussein auf, trachten nach« o. ä.

Was in diesem Gebot gemeint ist[168], wird wieder sehr klar in prophetischen Worten gesagt, ganz besonders in Mi 2,2: »Sie begehren *(ḥmd)* Felder und nehmen sie. Sie unterdrücken einen Mann und sein Haus, einen Menschen und seinen Erbbesitz.« Da wird inhaltlich deutlich, worum es geht: keinesfalls um das Verbot eines inneren Vorgangs beim Angeredeten, sondern wiederum um den Schutz des aufgezählten Besitzes und der zu ihm gehörenden Personen. Wo aber liegt dann die Differenz zu den anderen Geboten, insbesondere zu Ehebruchs- und Diebstahlsverbot?

Die Differenz tritt sofort heraus, wenn man sieht, daß es damals zahlreiche *durchaus legale* und weithin anerkannte Praktiken und Möglichkeiten gab, den Nächsten um Haus und Besitz zu bringen. Da ist etwa die Möglichkeit, herrenloses Gut an sich zu bringen und Frauen abwesender Männer – ein Problem besonders von Kriegszeiten, das in den altorientalischen Gesetzen rechtlich geregelt wird.[169] Da sind aber weitere Möglichkeiten, die harmlos mit der Geldleihe beginnen und in der Übernahme des Besitzes enden. Schon das Bundesbuch warnt davor, Geld mit der Absicht zu verleihen, Zugriffsrecht auf Personen des Nächsten zu bekommen. So muß man m. E. das Verb *nšh* aus Ex 22,24 deuten.[170] Zwar werden von israelitischen Rechtskodices wie dem Bundesbuch und dem deuteronomischen Gesetz versucht, die wichtigsten Auswirkungen dieser direkt oder indirekt auf Besitzübernahme des Nächsten und Versklavung der Angehörigen zielenden Wirtschaftsvorgänge zu regulieren, etwa durch Zinsverbot (Ex 22,24b; Dtn 23,20f)

und regelmäßigen Schuldenerlaß (Dtn 15,1ff). Aber selbst wenn anzunehmen wäre, daß solche Gesetze wirklich die gewohnheitsrechtliche Praxis bestimmten (eine Annahme, die sicher zu optimistisch ist), bliebe immer noch ein *rechtlich zulässiger Zugriff auf Besitz und Familie* des Nächsten übrig. Das Sklavenrecht bezeugt das in aller Deutlichkeit (Ex 21,2.7; Dtn 15,12).[171] Und *jedes* Wirtschafts- und Rechtssystem kennt Entsprechungen.
Nein, die Tatsache, daß es hier mit *ḥmd*, »streben nach«, noch einmal und von einer anderen Perspektive aus um die schon in den letzten Geboten thematisierte Lebensgrundlage des Nächsten und seiner Familie geht, ist alles andere als eine überflüssige Doppelung – gerade, wenn man es vom Prolog aus liest. Indem das »Aussein auf« verboten wird, wird jeder denkbare Griff nach der Lebensgrundlage des Nächsten abgeschnitten, auch der rechtlich mögliche und gesellschaftlich legitimierte Weg. Er würde mit der Freiheit des Anderen ja auch die des Angesprochenen selbst in Frage stellen.
So ergänzen sich die drei bzw. vier letzten Gebote sinnvoll auf der Ebene ihrer Beziehung zum Recht: Meinen Ehebruch und Diebstahl den Bruch des Rechts und die lügnerische Anklage seine Manipulation, so das »Aussein auf« seine Benutzung. Derartiges ist jedenfalls von der bewußt weiten Formulierung umschlossen. Zudem werden, indem grundsätzlich alle Wege, in den Besitz des Nächsten zu gelangen, abgewehrt sind, denkbare Gesetzeslücken geschlossen.[172]

V. Welche Konsequenzen ergeben sich für das Verständnis des Dekalogs?

Die innere Struktur des Dekalogs, vor allem das Prinzip, das Auswahl und Anordnung der Einzelgebote bestimmt, wird, so kann man das Ergebnis zusammenfassen, durch eine Exegese erkennbar, die ihn konsequent auf die im Prolog genannte Befreiungstat Gottes hin interpretiert. Angesprochen sind in ihm die israelitischen Vollbürger, als die von Jahwe aus der Knechtschaft Befreiten. Es geht um die jedem von ihnen durch Jahwe gewährte, sozial auf dem Grundbesitz und den damit verbundenen Rechten beruhende Freiheit. Die Gebote benennen die Bedingungen ihrer Bewahrung.

Die ersten drei Gebote sichern die bestehende und im Prolog bestätigte Beziehung zu Jahwe als ihrem Garanten. Verwerfung, Entwertung und Mißbrauch würden sie in Frage stellen. Hier steht das 1. Gebot in dominierender Spitzenstellung: Bei Jahwe bleiben. Die letzten drei Gebote sichern die die Freiheit konkret ermöglichende Lebensgrundlage des Nächsten, ihm wie dem Angesprochenen von Jahwe gewährt. Dabei entspricht das letzte dem ersten in Umfang und Bedeutung: Es untersagt umfassend alle Versuche überhaupt, nach dem Haus und der Familie, also der Lebens- und Freiheitsgrundlage des Nächsten zu streben; dazu gehört alles, was er hat. Die allgemein formulierten Kurzgebote sind zwar von Wortwahl, Kontext und sozialen Gegebenheiten her ebenfalls in erster Linie auf das Verhältnis zum anderen Vollbürger und seiner Familie zu beziehen, gehen aber in ihrer unbeschränkten Formulierung darüber hinaus, da sie ein Verhalten meinen, das auch andere betreffen und auf den Täter zurückschlagend seinen eigenen Status in Frage stellt. So lassen sich die negativ formulierten Gebote von Anfang und Ende als die

Markierung der Grenze verstehen, die sich aus der Struktur der im Prolog beschriebenen Freiheit als ihre eigene ergibt.

Dazwischen stehen in der Mitte die beiden positiv formulierten Gebote. Nur bei Eltern und Sabbat wird ein eigenes Handeln des Angesprochenen erwartet. Dabei wird im wöchentlichen Ruhetag die gewährte Freiheit zeichenhaft wahrgenommen und praktiziert, das Land dem Geber, Jahwe, überlassen. An dieser Ruhe nehmen auch die teil, die nicht oder nicht im gleichen Maße wie die Angesprochenen aus dem »Sklavenhaus« befreit sind. Die altgewordenen Eltern sind durch Gewährung materieller Versorgung und respektvoller Behandlung zu ehren. Ihre ihnen von Jahwe geschenkte Freiheit kann sich allein noch durch das Handeln der Kinder an ihnen realisieren.

So gelesen hat der Dekalog ein *Thema*. Er ist nicht einfach auf Universalität und Allgemeingültigkeit aus; es geht nicht um ein zeitloses Ethos oder allgemeine Sittlichkeit; er will nicht jeden Menschen in jeder Lage gleichermaßen ansprechen; schon gar nicht kann man in ihm die Summe oder das Konzentrat einer alttestamentlichen oder gar biblischen Ethik sehen. Ihm derartiges zu unterstellen, ist historisch unmöglich und theologisch problematisch. Die theologische Fragwürdigkeit liegt darin, daß die im Prolog genannten Voraussetzungen übersehen und die fehlenden ethischen Grundthemen für theologisch sekundär und gegenüber den Genannten minder wichtig gehalten werden; zudem muß man sie auf problematische Weise hineininterpretieren.

Thema des Dekalogs sind die elementaren Forderungen, die zur Bewahrung der im Prolog beschriebenen Freiheit eingehalten werden müssen. Eines dieser im Minimalkatalog der Freiheit enthaltenen Gebote zu verletzen, würde die vorausgesetzte Freiheit beeinträchtigen oder aufheben. Im Rahmen dieses Themas allerdings ist der Dekalog auf Vollständigkeit aus, und er erreicht sie auch. Denn die

Reihe der Möglichkeiten, die gewährte Freiheit zu verspielen durch Aufkündigung der sie gewährenden Gottesbeziehung einerseits, durch Beeinträchtigung der entsprechenden Freiheit des Nächsten andererseits wird vollkommen abgeschritten. Dem dienen die gegenüber älteren und anderen Gebotsformulierungen umfassenderen und allgemeineren Aussagen. Dem dienen vor allem die gegenüber allen Vergleichstexten singulären und völlig umfassenden Formulierungen des ersten und des letzten Gebotes. Und in diesem Anspruch, im Rahmen des gegebenen Themas umfassend und didaktisch einprägsam zu formulieren, liegt der Sachgrund, der die weitere Verwendungsgeschichte möglich machte.

Zur Erkenntnis des Themas gehört auch die Erkenntnis dessen, was *nicht* zu diesem Thema gehört. Nicht zu ihm gehört z. B. alles, was der positiven Füllung der Beziehung zu Jahwe und des Lebens mit ihm dient, also sämtliche religiösen Verhaltensformen. Denn die drei ersten Gebote schließen ja nur einige davon aus, alles andere ist nicht tangiert. Schon von da aus *muß* man formulieren: Zum Thema des Dekalogs gehört gerade *nicht* das, was sich als Folge und Konsequenz der Gottesbeziehung und der damit gegebenen Freiheit aufdrängt! Es ist deshalb nicht unproblematisch, in ihm eine Ethik der Dankbarkeit oder gar der Entsprechung zum Handeln Gottes zu finden. Das geht schon auf der engsten, der rein religiösen Ebene nicht: Die ersten drei Gebote sind *keine* Beschreibung der zur Gestaltung der Beziehung zu Jahwe notwendigen Erfordernisse. Sondern sie sind nur ein Minimalkatalog der Grenzen, deren Überschreitung die bestehende Beziehung aufheben würde.

Und im Prinzip das gleiche ist nun auch für die Gebote zu formulieren, die den sozialen Beziehungen gelten. Nicht zu seinem Thema gehört alles, was das Volk im Ganzen angeht. Er spricht allein den einzelnen Israeliten an. Im Blick ist nur ihre je eigene Freiheit und die der Nachbarn. Nicht

zum Thema gehört alles, was die gewährte Freiheit und die der anderen nicht aufhebt. Und deshalb gehört dazu auch nicht das Verhalten gegenüber denen, die an dieser Freiheit nicht oder nicht im gleichen Maße partizipieren wie die Angeredeten. Zwar beziehen die Kurzgebote sie mit ein, aber nur negativ. Thema sind also *nicht* die in der Erfahrung dieses Gottes und seiner Befreiungstat liegenden sozialethischen Konsequenzen für Sklaven und Tagelöhner, für Witwen, Waisen und Fremdlinge. Die Sozialgebote enthalten schwerpunktmäßig Regeln für die Beziehungen der Befreiten untereinander. Daß damit alles andere in keinster Weise abqualifiziert ist, zeigt am deutlichsten die breite Entfaltung *dieser* Themen in den sonst so eng verwandten Rechtstexten des Bundesbuches und des Deuteronomiums. Sie entstammen mit großer Wahrscheinlichkeit den gleichen oder ähnlichen Kreisen und in etwa derselben Epoche.[173] Nur solange man den Dekalog als Summe all dieser rechtlich-ethischen Bemühungen ansieht, kann ein solches Fehlen problematisch erscheinen. Das ist er aber nicht und will es nicht sein. Im Dekalog wird lediglich eine weitgehend negativ formulierte Solidaritätsethik innerhalb der angesprochenen Schicht entfaltet.
Allerdings ist er nun keineswegs eine bloße »Standesethik«. In der sozialgeschichtlichen Stunde des Dekalogs hatte sein Thema eine große und eine sehr aktuelle Bedeutung. Sie tritt hervor, wenn man sich klar macht, daß an dieser Stelle kein, jedenfalls kein gravierender Unterschied zur Prophetie des 8. Jahrhunderts und ihrer so scharfen Sozialkritik liegt. Auch dort richtet sich die in den Schuldaufweisen entfaltete Anklage weitgehend gegen ein die Bruderschaftsethik verletztendes Verhalten innerhalb der Schicht der Vollbürger. Zu ihr gehören die Armen und Niedrigen des Amos und die Geschundenen des Micha. Nur an relativ wenigen Stellen nennen die Propheten andere Kreise von Unterprivilegierten, aber nie z. B. Sklaven. Diese Gemeinsamkeit liegt darin begründet, daß sich das aktuelle und

massenhafte soziale Unrecht und der darin zu Tage tretende Klassen- und Verteilungskampf gerade innerhalb der Schicht der Vollbürger abspielt. Und in bezug auf diese Auseinandersetzungen seiner Zeit setzt der Dekalog genau im Zentrum an, indem er jeden denkbaren Griff nach den Lebensgrundlagen und der Freiheit der Anderen als Zerstörung der eigenen darstellt. Die Differenz zur Prophetie liegt nicht hier, sondern an anderer Stelle. Während der Dekalog genau wie das Deuteronomium Israel und die Einzelnen in ihm auf das ihnen von Jahwe nach wie vor gewährte Heil, die bestehende Gemeinschaft mit ihm, die realisierte Befreiung ansprechen, sieht die Gerichtsprophetie das alles als durch das faktische Verhalten bereits verspielt und die Katastrophe als unausweichlich an.

Sozialgeschichtlich betrachtet war die Konzentration des Dekalogs auf die Bewahrung der Freiheit, die auf der sozialen Ebene in der Einschärfung alter Solidarregeln für das Verhalten unter Vollbürgern, auf der theologischen im Festhalten an Jahwe als dem Geber und Garanten bestand, durchaus realistisch und vor allem erfolgreich. Gemeinsam mit den entsprechenden Bestimmungen der Gesetzbücher und der prophetischen Kritik hat sie dazu beigetragen, den völligen Zerfall Israels zu verhindern. Was drohte und sich ein Stück weit ja auch vollzog, war die Aufspaltung der nach wie vor den Kern des Volkes bildenden freien Bauernschaft in eine kleine Aristokratenschicht einerseits und eine große Masse von Halb- und Unfreien andererseits, wie es in vielen antiken Gesellschaften der Fall war. Daß dieser Prozeß in Israel bzw. Juda stark gebremst, im Kern sogar verhindert wurde, war das Ergebnis eines langen Kampfes gegen den Verelendungsprozeß. In ihm spielte die Prophetie so gut ihre Rolle wie breite soziale Bewegungen, wie sie hinter dem Deuteronomium oder der Sozialreform des Nehemia sichtbar werden. Nur dadurch konnte die im Dekalog angeredete Schicht der Vollbürger, konnten gerade auch die freien Kleinbauern die entscheidenden Träger des

Jahweglaubens und seiner Ethik bis in die makkabäische Aufstandsbewegung hinein bleiben. Und der Dekalog hatte mit seiner einprägsamen Formulierung von Grundregeln zur Bewahrung der Freiheit daran einen wichtigen Anteil: Die unlösbare Zusammengehörigkeit von Jahweglaube und inhaltlich bestimmtem Verhalten war für die entscheidenden sozialen Fragen seiner Entstehungszeit in ihm auf den Begriff gebracht worden.

Je weniger freilich die im Prolog des Dekalogs angesprochene Freiheit vom Sklavenhaus die Realität in Israel umfassend umschrieb, je mehr Menschen davon nicht mehr angesprochen waren, um so wichtiger wurden andere Aspekte der Solidaritätsethik, etwa die, die vom Eintreten für Recht und Zukunft von Unterprivilegierten und Entrechteten sprechen. Konnte das Bundesbuch sich an dieser Stelle noch mit Mahnungen begnügen, so entwirft das Deuteronomium bereits neue Institutionen für diese Fragen, wie das Erlaßjahr mit seiner Aufhebung aller Schuldverhältnisse nach sechs Jahren (Dtn 15,1ff) oder die Umwandlung des Zehnten in eine Abgabe zur materiellen Sicherung der Verarmten (Dtn 14,22ff). Schließlich ist an das Jobeljahr des Heiligkeitsgesetzes zu denken (Lev 25), mit seiner vollkommenen Wiederherstellung der sozialen Gleichheit aller nach jeweils 50 Jahren. Von derartigem dürfte nur einiges und auch nur für begrenzte Zeitabschnitte praktiziert und in die Realität umgesetzt worden sein. Die spätestens in der Exilszeit erwachende und immer stärker den Glauben Israels prägende Eschatologie wartet dann auf einen *neuen* Exodus und ein Tritojesaja entwirft dafür eine Ethik, die mit dem Zerbrechen jeden Joches und der Befreiung aller Gefangenen (z. B. Jes 58,6f; 61,1f) jetzt schon der kommenden universalen Befreiung entspricht.

In dieser nachexilischen Zeit beginnt auch die verfolgbare Rezeptionsgeschichte des Dekalogs.[174] Wie weit dabei die in dieser Arbeit herausgestellten Intentionen der Komposition an ihrem Entstehungsort durchgehalten oder aber abgeändert wurden, welche Gründe im Spiel waren und was an die Stelle alten Sinnes trat, all das sind wichtige Fragen der Verwendungsgeschichte, die hier nicht verfolgt werden können und sollen. Einige Züge aber wird man gerade durch den Vergleich mit dem Beginn doch wohl unbestritten feststellen können: Entschränkung des Adressatenkreises, Aufhebung oder Spiritualisierung der im Prolog genannten Voraussetzungen, Übersteigerung der Sonderrolle bis hin zu den vielen Versuchen, von hier aus eine biblische bzw. christliche Ethik zu gewinnen. Gegenüber dieser Geschichte des Dekalogs bis heute kann die Erkenntnis des ursprünglichen Themas und damit seiner Absicht und Voraussetzungen im sozialgeschichtlichen Feld ein notwendiges Korrektiv bilden. Was Aufgabe historischer Exegese in Kirche und Theologie überhaupt sein kann, ist auch hier zu leisten: Nicht Aufhebung der zwischen dem Bibeltext und uns liegenden Geschichte und – unmögliche – Rückkehr an den Ursprung, sondern Korrektur und Kritik aktueller Benutzungsweisen – im Sinne *der* Freiheit, der der Dekalog entstammt, und die er thematisiert.

Nur wenige Aspekte davon sollen im Blick auf die Flut gegenwärtiger Dekalogliteratur angedeutet werden:
– Bei der Anwendung auf andere Zeiten und Menschen ist zu beachten, daß er Befreiten gilt und Regelungen zur Bewahrung der Freiheit enthält: Er darf nicht zum Instrument von Unterwerfung, Domestikation und Unfreiheit werden.
– Es ist stets zu beachten, daß die Freiheit einerseits in der Beziehung zu diesem Gott, andererseits aber zugleich und ineins damit in einem konkreten, sozial und rechtlich beschreibbaren Zustand liegt. Wenn man in der Dekalogauslegung von »Freiheit« redet, sollte nicht nur die grundlegende »Freiheit eines Christenmenschen«, die unabhängig von sozialen Formen und politischen Verwirklichungen besteht, im Blick sein, sondern immer auch die realen Frei-

heiten und Unfreiheiten samt ihren ökonomischen und politischen Ursachen. Beides sollte nicht unklar verwischt, darf aber auch nicht getrennt werden, wenn es denn um den Dekalog geht.

– Da der Dekalog *nicht* die umfassende Konsequenz der Gottesbeziehung Israels für alle wichtigen ethischen Felder sein will – und faktisch auch nicht ist! –, sollte er nicht zur alleinigen Grundlage biblischer Ethik, christlichen Verhaltens und kirchlicher Unterweisung darin gemacht werden. Das kann, abgekürzt gesprochen, die konkret notwendigen Formen von Liebe zu einem bloßen Nicht-Verhalten herunterspielen.

– Schließlich: Da wo nicht Freiheit und der bereits vollzogene Exodus aus Not und Unterdrückung die Wirklichkeit bestimmen, reicht die mit dem Thema des Dekalogs gegebene Ethik der Bewahrung bestehender Freiheit nicht aus. Sie setzt den Exodus voraus, sie kann ihn nicht ersetzen. Je weniger die Freiheit von dem »Sklavenhaus« aber die Realität bestimmt, um so mehr muß nicht mehr nur die Bewahrung, sondern vor allem die Gewinnung solcher Freiheit Thema sein. Also nicht nur: »Du sollst nicht töten!«, sondern auch: »Errette, die zum Tode geschleppt werden« (Prov 24,22).

Anmerkungen

* Es handelt sich im folgenden um eine erweiterte Fassung meiner Antrittsvorlesung an der Kirchlichen Hochschule Bethel vom 10. 7. 1981. In verschiedener Form wurde der Vortrag zudem im Sommersemester 1981 vor der Fachschaft Evangelische Theologie der Universität Mainz und im Wintersemester 1982/83 vor der Evangelisch-theologischen Fakultät der Universität Wien gehalten. – Umschrift des Hebräischen nach THAT; Abkürzungen nach TRE.

1 J. Busch, Wegweiser zur Freiheit. Predigten über Gottes Gebote im Jahre 1980 in Bethel, Bielefeld 1981; G. Ebeling, Die Zehn Gebote in Predigten ausgelegt, Tübingen 1973; H. Gollwitzer u. a., . . . aus der Sklaverei befreit, Stuttgart 1979; M. Josuttis (Hg.), Gebot und Freiheit. Göttinger Universitätspredigten zum Dekalog, Göttingen 1980.

2 A. Deissler, Ich bin dein Gott, der dich befreit hat. Wege zur Meditation über das Zehngebot, Freiburg 1975; L. Perlitt u. a. in GPM 32, 1977/78, 252ff; H. Schroer, GPM 21, 1966/67, 89–96; Th. Sorg (Hg.), Dekalog heute. Predigthilfen zu den Zehn Geboten, Stuttgart 1979.

3 J. Kuhn (Hg.), Chancen. Die Zehn Gebote in einer veränderten Welt, Stuttgart 1971; W. Lohff, Wie unser Leben gelingen kann. Die Zehn Gebote, Hamburg 1971; H.-R. Müller-Schwefe, Die 10 Gebote ausgelegt für unsere Zeit, Hamburg 1973; O. H. Pesch, Die Zehn Gebote, Mainz 1976; W. Sandfuchs (Hg.), Die 10 Gebote, Würzburg 1976; W. Stählin, Die Urordnung des Lebens. Ein Versuch die 10 Gebote zu verstehen, Stuttgart 1973.

4 S. Ben-Chorin, Die Tafeln des Bundes. Das Zehnwort vom Sinai, Tübingen 1979; R. Gradwohl, Die Worte aus dem Feuer. Wie die Gebote das Leben erfüllen, Freiburg 1978; H. Groß, Die Zehn Gebote damals und heute, in: ders., Kernfragen des Alten Testamentes. Praktische Einführungen, Regensburg 1977, 135–148; N. Lohfink, Die Zehn Gebote ohne den Berg Sinai, in: ders., Bibelauslegung im Wandel. Ein Exeget ortet seine Wissenschaft, Frankfurt/M. 1967, 129–157; H.-P. Müller, Zur Verkündigung der Zehn Gebote, WPKG 65, 1976, 518–535; B. Lang, Grundrechte des Menschen im Dekalog, in: ders., Wie wird man Prophet in Israel? Aufsätze zum Alten Testament, Düsseldorf 1980, 80–89.

5 Nach dem Vorgang von H. G. Fritzsche, Evangelische Ethik. Die Gebote Gottes als Grundprinzipien christlichen Handelns, Berlin 1961, 3. Aufl. 1966 ist bes. zu verweisen auf J. M. Lochman, Wegweisung der Freiheit. Abriß der Ethik in der Perspektive des Dekalogs, Gütersloh 1979; vgl. a. ders., Die Vorstellung des Namens Gottes im Dekalog als Begründung einer Ethik der Freiheit, ThZ 34, 1978, 257–264; außerdem z. B. J.-H. Krummacher, Der Dekalog und die Dimensionen des Friedens, JK 41, 1980, 209–213.

6 Grundwerte und Gottes Gebot, Gütersloh/Trier 1979; aus dem westfälischen Raum vgl. außerdem: J. J. Degenhardt – R. Lettmann – H. Reiß, Kirchen in gemeinsamer Verantwortung – Gehorsames Leben, Bielefeld/Kevelaer 1982.

7 S. Schreiner, Der Dekalog in der jüdischen Tradition und im Koran, Kairos 23, 1981, 17–30; G. Vermes, The Decalogue and the Minim, BZAW 103, Festschr. P. Kahle, 1968, 232–240; F. E. Vokes, The Ten Commandments in the NT and in First Century Judaism, StEv 5, 1968, 146–154; vgl. a. M. B. Cohen / D. B. Freedman, The Dual Accentuation of the Ten Commandments, in: H. M. Orlinsky (Hg.), Society of Biblical Literature, Masoretic Studies 1, Missoula/Mont. 1973, 7–19; vgl. außerdem die Textzusammenstellung bei J. J. Petuchowski (Hg.), Die Stimme vom Sinai. Ein rabbinisches Lesebuch zu den Zehn Geboten, Freiburg u. a. 1981.

8 Zur alten Kirche vgl. bes. G. Bourgeault, Décalogue et morale chrétienne. Enquête patristique sur l'utilisation et l'interprétation chrétiennes du décalogue de ca. 60 à c. 220, Paris u. a. 1971; eine bes. Rolle im Katechismus beginnt der Dekalog im Spätmittelalter zu spielen, vgl. H. Röthlisberger, Kirche am Sinai. Die zehn Gebote in der christlichen Unterweisung, SDGSTh 19, 1965; D. Harmening, Art. Dekalog, Enzyklopädie des Märchens Bd. 3, Berlin 1980, Sp. 377-380; dann natürlich vor allem durch die Katechismen Luthers und ihre Wirkung.

9 In der Novelle »Das Gesetz« (1943), Sämtliche Erzählungen, Frankfurt/M. 1963, 684.

10 R. Smend / U. Luz, Gesetz, Biblische Konfrontationen, Stuttgart u. a. 1981, 16.

11 Z. B. 10,4.5; 12,11.24.27; 13,4; 15.19; 19,15.24; 20,4.13 usw. Überhaupt ist der Themenbereich Wirtschaft, wirtschaftliches Verhalten, Arbeit etc. sowohl im Recht wie in der Weisheit relativ weit verbreitet.

12 Z. B. Ex 22,21; Dtn 24,17.19; Prov 15,25; 23,10f; Jes 1.17.23; Jer 7,6 u. v. a.

13 Ex 22,20; 23,9; Lev 19,10.33ff; Dtn 24,17.19; Ijob 31,32; Ez 22,29 u. v. a.

14 Ex 22,24ff; 23,11; Lev 19,10; Dtn 15,7ff; 24,12ff; Prov 14,31; 17,5; 22,2; 29,13; Am 2,6; 8,4ff; 4,1 u. v. a.

15 Lev 19,14; Dtn 27,18 u. a.

16 Vgl. nur Dtn 10,17ff; Ps 82 und die entsprechenden Formulierungen der Hymnen (113,7; 146,7–9 usw.).

17 R. Kilian, Das Humanum im ethischen Dekalog Israels, in: Im Gespräch: Der Mensch, Festschr. J. Möller, Düsseldorf 1981, 43–52, Zitat 48.

18 H. Schüngel-Straumann, Der Dekalog – Gottes Gebote?, SBS 67, Stuttgart 1973, 109.112.

19 Moses, in: Werke Bd. 2, Schriften zur Bibel, München/Heidelberg 1964, 149.
20 Midrasch Mechilta, Traktat Bachódesch 5; deutsche Übers. nach J. J. Petuchowski, a.a.O. (o. Anm. 7) 37f.
21 WA 30/2, 358; zur Bedeutung (und Interpunktion!) vgl. bes. J. Meyer, Historischer Kommentar zu Luthers Kleinem Katechismus, 1929, 163ff (»Der Dekalog als Evangelium«).
22 Die Gesetze im Pentateuch (ihre Voraussetzungen und ihr Sinn) (1940), in: ders., Gesammelte Studien zum Alten Testament, ThB 6, München 1960^{2}, 9–141.
23 Theologie des Alten Testaments I, München 1969^{6}, 207f.
24 Die Vorstellung des Namens (o. Anm. 5), bes. 264.
25 Vgl. o. Anm. 1ff.
26 Z. B. Schüngel-Straumann, a.a.O. 112.
27 So wurde vor allem in der Folge von A. Alt (Die Ursprünge des israelitischen Rechts, KlSchr I, München 1968^{4}, 278–332) sein »Sitz im Leben« vielfach in kultischen Begehungen der vorstaatlichen Zeit gesucht, oft in Verbindung mit einem »Bundesfest« o. a.; vgl. nur G. v. Rad, a.a.O. 205ff; J. J. Stamm, Der Dekalog im Licht der neueren Forschung, 2. Aufl. Bern/Stuttgart 1962, 19ff; H. Graf Reventlow, Gesetz und Predigt im Dekalog, Gütersloh 1962; A. S. Kapelrud, Some recent points of view on the time and origin of the Decalogue, StTh 18, 1964, 81–90 = ders., God and His friends in the Old Testament, Oslo 1979, 11–20 u. a.
28 Vgl. nur die Übersicht bei W. Schottroff, Zum alttestamentlichen Recht, VF 22, 1977, 3–29; s. a. E. Zenger, Eine Wende in der Dekalogforschung? Ein Bericht, ThR 64, 1968, 189–198.
29 Zu diesen bes. unter neueren katholischen Arbeiten verbreiteten Versuchen vgl. R. Kilian, a.a.O. (o. Anm. 17); F.-L. Hossfeld, Der Dekalog. Seine späten Fassungen, die originale Komposition und seine Vorstufen, OBO 45, 1982; s. bes. Kap. 5 »Biographie des Dekalogs« (283f).
30 Vgl. die Übersicht bei E. Zenger, Die Sinaitheophanie, fzb 3, Würzburg 1971, 210ff.
31 Vgl. die Argumentationsstruktur z. B. bei H. H. Rowley, Moses and the Decalogue, BJRL 34, 1951, 83f.87ff. Im Grunde setzen auch viele form- und kultgeschichtliche Arbeiten zum Dekalog eine so gewonnene Datierung irgendwie voraus.
32 Das zweite Buch Mose. Exodus, ATD 5, Göttingen 1965^{3}, 124.
33 Vgl. beispielhaft H. H. Schmid, Der sogenannte Jahwist. Beobachtungen und Fragen zur Pentateuchforschung, Zürich 1976; R. Rendtorff, Das überlieferungsgeschichtliche Problem des Pentateuch, BZAW 147, 1977; M. Rose, Deuteronomist und Jahwist, ATLANT 67, 1981; E. Blum, Die Komposition der Vätergeschichte, Diss. Heidelberg 1981 (demnächst in WMANT).

34 Vgl. die Überblicke bei Stamm, a.a.O. (o. Anm. 27) 11–14; Schüngel-Straumann, a.a.O. (o. Anm. 18) 29ff.

35 A. Lemaire, Le Décalogue: Essai d'histoire de la redaction, in: Mélanges bibliques et orientaux en l'honneur de M. Henri Cazelles, AOAT 212, Kevelaer/Neukirchen-Vluyn 1981, 259–295.

36 Vgl. schon Schüngel-Straumann, a.a.O. (o. Anm. 18) 30; W. H. Schmidt, Einführung in das Alte Testament, Berlin/New York 1979, 113 u. v. a.

37 Vgl. nur Lemaire, a.a.O. 293.

38 Das sogenannte apodiktisch formulierte Recht und der Dekalog (1965), in: ders., Studien zur alttestamentlichen Theologie und Geschichte, BZAW 115, 1969, 120–148 (Zitat: 141).

39 Dazu E. Gerstenberger, Wesen und Herkunft des »apodiktischen Rechts«, WMANT 20, 1965, 77ff. zusf. 86f.

40 Überlieferungsgeschichtliche Erwägungen zur Komposition des Dekalogs, VT.S 22, 1972, 201–220.

41 Schmidt, a.a.O. 204ff.

42 A.a.O. 208ff.

43 A.a.O. (o. Anm. 39) bes. 89ff.

44 A.a.O. bes. 110ff.

45 Zur Dekalogfassung von Dt 5, BZ 9, 1965, 17–32.

46 Vgl. nur A. Jepsen, Beiträge zur Auslegung und Geschichte des Dekalogs, ZAW 79, 1967, 277–304; dort auch ein Abdruck des Textes von Pap. Nash (281).

47 A.a.O. 263ff. zusf. 293–295; vgl. z. B. Jepsen, a.a.O. (o. Anm. 46) 284; Hossfeld, a.a.O. (o. Anm. 29) 264 ff; u. v. a.

48 Vgl. u. S. 33ff.

49 Die Wendung hat nur 11 Belege; davon außer den Dekalogstellen auch Hos 12,10; 13,4; Ps 81,11 in Verbindung mit dem Exodus. Vorexilisch bleiben dann nur Ex 4,11(?) und im Dekalog Ex 20,5/Dtn 5,9 übrig (zudem Jes 43,11; 44,24; 51,15); vgl. a. Lemaire, a.a.O. 263f.

50 So selbst W. H. Schmidt, Das erste Gebot, TEH 165, 1970, 34, der aber mit einem sehr viel älteren 1. Gebot rechnet. Zuletzt bes. B. Lang, Die Jahwe-allein-Bewegung, in: ders. (Hg.), Der einzige Gott. Die Geburt des biblischen Monotheismus, München 1981, bes. 58 ff. Zur hist. Situation im 9. Jahrh. vgl. jetzt vor allem das Material bei S. Timm, die Dynastie Omri. Quellen und Untersuchungen zur Geschichte Israels im 9. Jahrhundert v. Chr., FRLANT 124, Göttingen 1982.

51 Z. Meshel, Kuntillet ʿAjrud. A religious centre from the Time of the Judaean Monarchy on the Border of Sinai, The Israel Museum, Cat. no. 175, Jerusalem 1978; die allerwichtigsten Bilder und Inschriften sind inzwischen auch zugänglich bei F. Stolz, Monotheismus in Israel, in: O. Keel (Hg.), Monotheismus im Alten Israel und seiner Umwelt, BB 14, 1980,

167ff; A. Lemaire, Les écoles et la formation de la Bible dans l'ancien Israel, OBO 39, 1981, 25ff. Außerdem vgl. Z. Meshel, Did Yahweh have a consort? The new religious inscriptions from the Sinai, Biblical Archaeological Review 5, 1979, 24–35; J. Emerton, New Light on Israelite Religion: The Implications of the Inscriptions from Kuntillet ʿAjrud, ZAW 94, 1982, 2–20.

52 Es mag hier genügen, auf die (fälschlich sog. »jahwistische«) Urgeschichte zu verweisen (F. Crüsemann, Die Eigenständigkeit der Urgeschichte. Ein Beitrag zur Diskussion um den »Jahwisten«, in: Die Botschaft und die Boten, Festschr. H. W. Wolff, Neukirchen 1981, 11–29; bes. 28).

53 Vgl. zuletzt etwa Kilian, a.a.O. (Anm. 17).

54 Text nach LXX; vgl. die Komm. Auf die Echtheitsfrage kann und braucht hier nicht eingegangen zu werden.

55 Vgl. zum folgenden die genauen Belege bei H. Schmidt, Mose und der Dekalog, in: Eucharisterion, Festschr. H. Gunkel, Bd. I, Göttingen 1923, 78–119 (bes. 85 ff); L. Perlitt, Bundestheologie im Alten Testament, WMANT 36, 1969, 77–101 (bes. 83ff); N. Lohfink, Die These vom »Deuteronomischen« Dekaloganfang – ein fragwürdiges Ergebnis atomistischer Sprachstatistik, in: Studien zum Pentateuch, Festschr. W. Kornfeld, Wien 1977, 99–109.

56 A.a.O. 85.

57 A.a.O. 86.

58 A.a.O. (vgl. Anm. 55).

59 Vgl. o. Anm. 49.

60 Vgl. dazu Lohfink, a.a.O.

61 H. Schmidt, a.a.O. 87.

62 Gegen Lohfink, der (a.a.O. 103) statt Polemik, hier nur eine »Paraphrase mit uminterpretierender Absicht« finden will.

63 Dazu vgl. Perlitt, a.a.O. 77ff.

64 A.a.O. 109.

65 Vgl. nur O. Kaiser, Einleitung in das Alte Testament, Gütersloh 1978[4], Bes. 120ff.

66 Zum Buchfund Josias zuletzt H. Spieckermann, Juda unter Assur in der Sargonidenzeit, FRLANT 129, 1982, zusf. 153ff; zum Dtn jetzt die Übersicht von H. D. Preuß, Deuteronomium, EdF 164, 1982.

67 Außer Lohfink (o. Anm. 55) 109, vgl. etwa E. Zenger, Das Buch Exodus, Düsseldorf 1977, 199.

68 Vgl. zu den Möglichkeiten etwa U. Kellermann, Erwägungen zum Esragesetz, ZAW 80, 1968, 373–385.

69 Vgl. W. Thiel, Die soziale Entwicklung Israels in vorstaatlicher Zeit, Neukirchen-Vluyn 1980, bes. 146ff (Lit).

70 Zum sozialen Vorgang der Staatenbildung vgl. F. Crüsemann, Der

Widerstand gegen das Königtum. Die antiköniglichen Texte des Alten Testamentes und der Kampf um den frühen israelitischen Staat, WMANT 49, 1978, 201ff.

71 Das folgende ergibt sich aus einer Auswertung der prophetischen Anklagen einerseits, der sich in den Gesetzen Israels spiegelnden Verschiebungen sozialer Art andererseits. Auf Einzelbelege muß verzichtet werden.

72 Das geht vor allem aus den archäologischen Befunden in Jerusalem hervor, vgl. E. Otto, Jerusalem – die Geschichte der heiligen Stadt, Urban-Taschenbücher, 1980, bes. 68f; J. Meier, ». . . Fremdlinge, die aus Israel gekommen waren . . .«. Eine Notiz in 2Chr 30,25f aus der Sicht der Ausgrabungen im Jüdischen Viertel der Altstadt von Jerusalem, BN 15, 1981, 40–43.

73 Vgl. vor allem E. Würthwein, der ʿamm haʾ arez im Alten Testament, BWANT 69, Stuttgart 1936, bes. 12ff. Die neueste Kritik daran durch C. Levin, Der Sturz der Königin Athalja. Ein Kapitel zur Geschichte Judas im 9. Jahrhundert v. Chr., SBS 105, 1982, 66–69 ist wenig überzeugend, da das Verhältnis zu anderen Gruppen insbes. in der Hauptstadt und zum Königtum nicht beachtet wird.

74 Bes. deutlich ist der Befund in Thirza (Tell el-Fārʿa/Nord), vgl. R. de Vaux, Thirza, in: Archaeology and Old Testament Study, Oxford 1967, 371–383; zum Grundsätzlichen jetzt a. J. K. de Geus, Die Gesellschaftskritik der Propheten und die Archäologie, ZDPV 98, 1982, 50–57.

75 Zu den folgenden Texten vgl. H. W. Wolff, Joel und Amos, BK XIV/2, 2. Aufl. Neukirchen-Vluyn 1975, ders., Micha, BK XIV/4, Neukirchen-Vluyn 1982; vgl. a. W. Schottroff, Der Prophet Amos. Versuch der Würdigung seines Auftretens unter sozialgeschichtlichem Aspekt, in: Der Gott der kleinen Leute. Sozialgeschichtliche Bibelauslegungen I, München u. a. 1978, 39–66. bes. 49ff.

76 Zur Sozialkritik des Amos. Versuch einer wirtschafts- und sozialgeschichtlichen Interpretation alttestamentlicher Texte, EvTh 33, 1973, 32–53.

77 Das Recht der Armen, BET 4, Frankfurt/M. u. a. 1977, 84ff.

78 A.a.O. 98f.

79 Wirtschaft und Gesellschaft. Grundriß der verstehenden Soziologie, Studienausgabe hg. v. J. Winckelmann, Köln/Berlin 1956, 223ff. 678ff. Vgl. dazu z. B. R. Bendix, Max Weber – das Werk, dt. Übers. München 1964, 68ff.

80 Vgl. vor allem Gen 50,23.

81 Vgl. z. B. explizit H.-P. Müller, Zur Verkündigung der Zehn Gebote, WPKG 65, 1976, 531; er gehört nach Müller zu den nachträglichen Erweiterungen. Alle Arbeiten, die dem literarischen Wachstum nachgehen oder einen Urdekalog rekonstruieren, erklären auch Teile des Prologs für se-

kundär; vgl. zuletzt (mit angeblich rein literarischer Begründung) Lemaire, a.a.O. (o. Anm. 35) 263ff; Hossfeld, a.a.O. (o. Anm. 29) 264ff.

82 So die Formulierung von M. Noth, Überlieferungsgeschichte des Pentateuch, Darmstadt 1960², 52.

83 Außer den gleich zu nennenden Stellen und dem Dekalog noch in: Ex 13,3.14; Dtn 7,8; 13,6.11; Jos 24,17; Ri 6,8; Jer 34,13; Mi 6,4.

84 Übersetzung in Anlehnung an G. v. Rad, Das fünfte Buch Mose – Deuteronomium, ATD 8, 1964, 45.50.

85 P. Watzlawick, J. H. Beavin, D. D. Jackson, Menschliche Kommunikation. Formen, Störungen, Paradoxien, 5. Aufl. der dt. Übersetzung, Bern 1980, 83.

86 Ebd. 86ff.

87 Vgl. beispielhaft N. Lohfink, Heil als Befreiung in Israel, in: L. Scheffczyk (Hg.), Erlösung und Emanzipation, QD 61, 1973, 30–50; P. Weimar, Zur Freiheit geschaffen. Aspekte alttestamentlichen Freiheitsverständnisses, BiKi 1979, 86–90; J. H. Stek, Salvation, Justice and Liberation in the Old Testament, CTJ 13, 1978, 133–165 u. a.

88 Sein und Schein. Die kritische Funktion der Hegelschen Logik, Frankfurt/M. 1978, 46; er verweist ebd. 45 auf die Herkunft des Begriffs aus der »spezifisch neutestamentliche(n) Koinzidenz von Liebe und Freiheit« – das hat freilich seine Vorgeschichte. Zur theologischen Verwendung des Begriffs vgl. etwa H.-E. Tödt, Die Bedeutung von Luthers Reiche- und Regimenterlehre für heutige Theologie und Ethik in: N. Hasselmann (Hg.), Gottes Wirken in seiner Welt. Zur Diskussion um die Zweireichelehre, Bd. 2, 1980.

89 Theunissen, ebd. 170.

90 Vgl. vor allem W. Zimmerli, Das zweite Gebot (1950), in: ders., Gottes Offenbarung. Gesammelte Aufsätze zum Alten Testament, ThB 19, München 1963, 234–248.

90a Gegen H. Gese, Der Dekalog als Ganzheit betrachtet, ZThK 64, 1967, 121–138 = ders., Vom Sinai zum Zion, BevTh 64, 1974, 63–80; doch vgl. u. S. 76.

91 Vgl. Watzlawick u. a., a.a.O. (o. Anm. 85) 84ff.

92 Die Bücher der Weisung, Köln/Olten 1954 u. ö. (»Nicht sei dir andere Gottheit mir ins Angesicht«).

93 Das Folgende vor allem im Anschluß an A. S. van der Woude, Art. *pānim* Angesicht, THAT II, 1976, Sp. 432–460, bes. 445f. Außerdem vgl. R. Knierim, Das erste Gebot, ZAW 77, 1965, 20–39; J. Reindl, Das Angesicht Gottes im Sprachgebrauch des Alten Testamentes, EThSt 25, Leipzig 1970, 40ff.

94 So Knierim, a.a.O. 25. Doch ist das wohl ebenso unwahrscheinlich, da sonst nicht zu belegen, wie »mir zum Trotz« o. ä.

95 So v. d. Woude, a.a.O. (o. Anm. 93) 459.

96 Vgl. o. S. 18.

97 Reindl, a.a.O. (o. Anm. 93) 212.

98 Vgl. vor allem die beiden Sammelbände O. Keel (Hg.), Monotheismus im Alten Israel und seiner Umgebung, BB 14, 1980; B. Lang (Hg.), Der einzige Gott. Die Geburt des biblischen Monotheismus, München 1981. Zu Deuterojesaja vgl. bes. H. Wildberger, Der Monotheismus Deuterojesajas, in: Beiträge zur alttestamentlichen Theologie, Festschr. W. Zimmerli, Göttingen 1977, 506–530.

99 N. Lohfink, Gott. Polytheistisches und monotheistisches Sprechen von Gott im Alten Testament, in: ders., Unsere großen Wörter. Das Alte Testament zu Themen dieser Jahre, Freiburg u. a. 1977, 127–145 (Zitat 139f).

100 Lohfink, a.a.O. 141.

101 A.a.O. 142.

102 Vgl. vor allem dazu W. H. Schmidt, Alttestamentlicher Glaube in seiner Geschichte, Neukirchener Studienbücher Bd. 6, 2. Aufl. Neukirchen 1975. Zur Bedeutung des 1. Gebots für Geschichte und Glauben Israels insgesamt vgl. weiter ders., Das erste Gebot, TEH 165, München 1969.

103 Außer den im folgenden genannten Arbeiten seien aus der neueren Literatur genannt: R. P. Carroll, The Aniconic God and the Cult of Images, StTh 31, 1977, 51–64; J. Gutmann, The »Secon Commandment« and the Image in Judaism, in: ders., No Graven Image, 1971, 3–14; H. Haag, Das Bild als Gefahr für den Glauben, in: ders., Das Buch des Bundes, Düsseldorf 1980, 261–274; J. Ouellete, Le deuxiéme Commandement . . ., RB 74, 1967, 504–516; W. H. Schmidt, Ausprägungen des Bilderverbots? Zur Frage der Sichtbarkeit und Vorstellbarkeit Gottes im Alten Testament, in: Das Wort und die Wörter, Festschr. G. Friedrich, Stuttgart 1973, 25–34; W. Zimmerli, Das zweite Gebot, a.a.O. (o. Anm. 90); ders., Das Bilderverbot in der Geschichte des alten Israel, in: Schalom, Festschr. A Jepsen, Berlin 1971, 86–96 = Studien zur alttestamentlichen Theologie und Prophetie, Gesammelte Aufsätze II, ThB 51 , München 1974, 247–260.

104 Vgl. o. Anm. 51.

105 Vgl. einerseits W. H. Schmidt, Alttestamentlicher Glaube in seiner Geschichte, 2. Aufl. Neukirchen 1975, 74ff; andererseits O. Keel, Jahwevisionen und Siegelkunst, SBS 84/85, 1977, 37ff; bes. T. Mettinger, The Veto on Images and the aniconic God in Ancient Israel, in: H. Biezais (Hg.), Religious Symbols and their Functions, SIDA X, 1978, 15–29.

106 Hierzu bes. K.-H. Bernhardt, Gott und Bild, Berlin 1967. Auch auf die Frage, welche Funktion in diesem Zusammenhang Gegenstände wie die eherne Schlange und die Stierbilder hatten, kann hier nicht eingegan-

gen werden; zu letzteren vgl. jetzt bes. J. Hahn, Das »goldene Kalb«. Die Jahwe-Verehrung bei Stierbildern in der Geschichte Israels, EHS.T 154, 1981.

107 Z. B. Die Welt der altorientalischen Bildsymbolik und das Alte Testament. Am Beispiel der Psalmen, Zürich u. a. 1980[3]; Wirkmächtige Siegeszeichen im Alten Testament, Freiburg u. a. 1974; Jahwe-Visionen und Siegelkunst, SBS 84/85, 1977; Jahwes Entgegnung an Ijob, FRLANT 121, 1978; Das Böcklein in der Milch seiner Mutter und Verwandtes, OBO 33, 1980.

108 Chr. Link, Das Bilderverbot als Kriterium theologischen Redens von Gott, ZThK 74, 1977, 58–85.

109 O. Keel, Jahwevisionen (vgl. o. Anm. 105), 43. Sein Versuch, die Entstehung des Bilderverbotes allein aus dem Fehlen einer »genuin jahwistischen Ikonographie« zu erklären, ist interessant, setzt aber das Wesentliche bereits voraus.

110 Vgl. W. H. Schmidt, Alttestamentlicher Glaube (o. Anm. 105), 78ff; Mettinger, a.a.O. (o. Anm. 105), bes. 26f.

111 Vgl. o. S. 19f.

112 Außerdem in Ex 28,12; dort ist aber kein sprachlicher Vorgang gemeint. Eine weitere Stelle wird durch eine – unwahrscheinliche – Emendation in Ps 139,20 gelegentlich geschaffen.

113 Vgl. nur H.-J. Kraus, Psalmen, BK XIV/1, 5. Aufl. 1978, 260ff.

114 So B. Lang, Das Verbot des Meineids im Dekalog, ThQ 161, 1981, 97–105. Spezialstudien bieten sonst noch W. E. Stapels, The Third Commandment, JBL 58, 1939, 325–329; E. Jucci, Es. 20,7. La proibizione di un uso illegittimo del Nome di Dio nel Decalogo, BeO 20, 1978, 245–253.

115 Vgl. das von Lang, a.a.O. gesammelte Material. Vgl. schon F. Horst, Der Eid im Alten Testament, in: ders., Gottes Recht. Studien zum Recht im Alten Testament, ThB 12, München 1961, 292–314, bes. 294ff.

116 Vgl. die Belege bei Schüngel-Straumann, a.a.O. (o. Anm. 18), 95ff.

117 J. F. A. Sawyer, Art. *šāw'* Trug, ThHAT II, 1976, Sp. 882; vgl. a. M. A. Klopfenstein, Die Lüge nach dem Alten Testament, Zürich/Frankfurt 1964, 315ff.

118 Vgl. Sawyer, a.a.O. 882f.

119 Es mag hier genügen, zum folgenden statt vieler einen einzigen Literaturverweis zu bringen: A. S. van der Woude, Art. *šēm* Name, THAT II, 1976, bes. 949ff.

120 Einen Überblick über die wissenschaftliche Diskussion zum Thema »Sabbat« gibt G. Robinson, The Origin and Development of the Old Testament Sabbath. A Comprehensive Exegetical Approach, Diss. ev.-theol. Hamburg 1975, 6ff; vgl. a. N.-E. A. Andreasen, The Old Testament

Sabbath. A Tradition-Historical Investigation, SBLDS 7, 1972, 1–16. Aus der Lit. danach nenne ich nur in Auswahl: Ch. R. Biggs, Exposition and Adoption of the Sabbath Commandment in the Old Testament, ABR 23, 1975, 13–23; F. Gölz, Vom biblischen Sinn des Sabbat, Theologische Beiträge 9, 1978, 243–256; W. W. Hallo, New Moons and Sabbaths: A Casestudy in the Contrastive Approach, HUCA 48, 1977, 1–18; Ch. Levin, Der Sturz der Königin Athalja, SBS 105, 1982 (Exkurs: Der Sabbat, 39–42); N. Lohfink, Freizeit. Arbeitswoche und Sabbat im Alten Testament, in: ders., Unsere großen Wörter. Das Alte Testament zu Themen dieser Jahre, Freiburg 1977, 190–208; G. Robinson, The Idea of Rest in the Old Testament and the Search for the Basic Character of Sabbath, ZAW 92, 1980, 32–42; J. H. Tigay, Notes on the Development of the Jewish Week, in: H. L. Ginsberg Volume, EI 14, Jerusalem 1978, 111–121.

121 Leider geht z. B. die einflußreiche Arbeit von A. Lemaire, Le Sabbat à l'époque royale israélite, RB 80, 1973, 161–185 auf diese Texte gar nicht ein, da er nur dem Nomen folgt. Levin, a.a.O. (o. Anm. 120) 41 will sie zu späten dtn beeinflußten Schichten rechnen; dazu kann hier nur auf J. Halbe, Das Privilegrecht Jahwes Ex 34,10–26. Gestalt und Wesen, Herkunft und Wirkung in vordeuteronomischer Zeit, FRLANT 114, 1975 verwiesen werden. Zu den Texten vgl. bes. Robinson, The Origin and Development (o. Anm. 120) 147ff.

122 Vgl. F. Stolz, Art. *šbt* aufhören, ruhen, THAT II, 1976, Sp. 863–869; Robinson, The Idea of Rest (o. Anm. 120).

123 Vgl. dazu zuletzt bes. W. W. Hallo, New Moons and Sabbaths, (o. Anm. 120).

124 Dazu vgl. schon J. Meinhold, Sabbat und Woche im Alten Testament, FRLANT 5, Göttingen 1905; Außerdem Lemaire, a.a.O. (o. Anm. 121) und bes. Robinson, The Origin and Development 29ff. Robinson macht auch wahrscheinlich, daß in 2Kön 11 eher an einen vierzehntäglichen Rhythmus gedacht sein dürfte (77ff).

125 The Origin and Development (o. Anm. 120) bes. 314ff.

126 Diese Schwierigkeit wird von Arbeiten wie Lemaire, Levin, u. a., die die Entstehung eines regelmäßigen Ruhetages ins Exil oder danach verlegen, zu schnell übergangen. Als ob eine Spätdatierung bereits eine Erklärung wäre.

127 The Origin and Development (o. Anm. 120) bes. 113ff.

128 Vgl. etwa Jer 17,4; 2Sam 6,6; a. Dtn 15,3.

129 Dazu Robinson, The Origin and Development, bes. 128ff.

130 Übers. nach O. H. Steck, Die Paradieserzählung. Eine Auslegung von Genesis 2,4b–3,24, BSt 60, 1970, 18.

131 Der Dekalog als Ganzheit betrachtet (o. Anm. 90a).

132 Vgl. etwa G. Beer / K. Galling, Exodus, HAT I/3, 1939, 102; M. Noth, ATD 5, 4. Aufl. 1968, 133; J. J. Stamm, a.a.O. (o. Anm. 27) 51f; A.

Jepsen, a.a.O. (o. Anm. 46) 293f; B. Lang, Altersversorgung, Begräbnis und Elterngebot, ZDMG Suppl. III, 1977, 149–156; ders., Grundrechte des Menschen im Dekalog, in: ders., Wie wird man Prophet in Israel? Aufsätze zum Alten Testament, Düsseldorf 1980, 83; ders., Altersversorgung in der biblischen Welt, ebd. 90–103.

133 Hintergrund und Bedeutung des Elterngebotes im Dekalog, ZAW 90, 1978, 348–374; dort werden auch andere Auffassungen des Gebotes (z. B. im Sinne von Autorität und Gehorsam, oder ein Verständnis der Eltern als Stellvertreter Gottes und Übermittler der Tradition) referiert und widerlegt.

134 Vgl. dazu a. J. Scharbert, Das Alter und die Alten in der Bibel, Saeculum 30, 1979, 338–354; J. Maier, Die Wertung des Alters in der jüdischen Überlieferung der Spätantike und des frühen Mittelalters, ebd. 355–364; G. Blidstein, Honor thy Father and Mother. Filial Responsibility in Jewish Law and Ethics, New York 1975.

135 Zu Familienstruktur, Heiratsregeln etc. vgl F. Crüsemann, ». . . er aber soll dein Herr sein« (Gen 3,16). Die Frau in der patriarchalischen Welt des Alten Testamentes, in: ders./H. Thyen, Als Mann und Frau geschaffen. Exegetische Studien zur Rolle der Frau, Kennzeichen 2, 1978, bes. 25ff.42ff.

136 Vgl. dazu bes. H. G. Kippenberg, Religion und Klassenbildung im antiken Judäa. Eine religionssoziologische Studie zum Verhältnis von Tradition und gesellschaftlicher Entwicklung, StUNT 14, Göttingen 1978, 55ff.

137 Dazu bes. O. Loretz, Vom kanaanäischen Totenkult zur jüdischen Patriarchen- und Elternehrung, Jahrbuch für Anthropologie und Religionsgeschichte 3, 1978, 149–204; ders., Das biblische Elterngebot und die Sohnespflichten in der ugaritischen Aqht-Legende, BN 8, 1979, 14–17.

138 Text: JEN 59; nach R. Albertz, a.a.O. (o. Anm. 133) 359f; vgl. E. Cassin, L'Adoption à Nuzi, Paris 1938, 278f; M. David, Die Adoption im altbabylonischen Recht, Leipzig 1927, 110.

139 Albertz, a.a.O. 360.

140 Albertz, a.a.O. 374.

141 Allerdings haben 1. und 2. Gebot nur gemeinsam derartige Bestimmungen bei sich (Ex 20,5bf).

142 Es muß hier genügen, auf die grundlegende Arbeit von K. Koch, Gibt es ein Vergeltungsdogma im Alten Testament?, ZThK 52, 1955, 1–42 = ders., (Hg.), Um das Prinzip der Vergeltung in Religion und Recht des Alten Testamentes, WdF 125, Darmstadt 1972, 130–180, zu verweisen sowie auf die Diskussion in den Arbeiten des eben genannten Sammelbandes. Bes. eindrucksvoll ist die Darstellung bei G. v. Rad, Weisheit in Israel, Neukirchen 1970, 165ff.

143 Vgl. J. Kühlewein, Art. *rēa'* Nächster, THAT II, 1976, Sp. 786–791; J. Fichtner, Der Begriff des »Nächsten« im Alten Testament, in: ders., Gottes Weisheit. Gesammelte Studien zum Alten Testament, AzTh II/3, 1965, 88–114.

144 Vgl. o. S. 18.

145 Vgl. die Belege u. S. 66.

146 Z. B. Grundwerte und Gottes Gebot (o. Anm. 6) 32.

147 J. J. Stamm, Sprachliche Erwägungen zum Gebot »Du sollst nicht töten«, ThZ 1, 1945, 81–90; Zitat 87.

148 A. Jepsen, Du sollst nicht töten! Was ist das?, ELKZ 13, 1959, 384f (Zit. 384).

149 Vgl. z. B. Stamm, Der Dekalog (o. Anm. 27) 53f; H.-P. Müller, Zur Verkündigung der Zehn Gebote (o. Anm. 81) 527; S. Ben Chorin, Die Tafeln des Bundes (o. Anm. 4) 107ff usw.

150 Das Folgende vor allem nach H. E. Brekle, Semantik, UTB 102, München 1972^{2}, bes. 54ff. Einen Versuch, diese elementaren Erkenntnisse der Linguistik auf zentrale alttestamentliche Begriffe anzuwenden, habe ich in EvTh 36, 1976, 427–450 unternommen (Jahwes Gerechtigkeit *(ṣedāqā/ṣädäq)* im Alten Testament). Zum Problem vgl. jetzt auch (aber mit etwas anderer Terminologie) B. Kedar, Biblische Semantik. Eine Einführung, Stuttgart u. a. 1981.

151 Vgl. nur Stamm, Sprachliche Erwägungen (o. Anm. 147).

152 Zu allen Fragen von Ehe- und Familie im Alten Testament vgl. Crüsemann, ». . . er aber soll dein Herr sein« (o. Anm. 135; Lit!) H.-F. Richter, Geschlechtlichkeit, Ehe und Familie im Alten Testament und seiner Umwelt, BBE 10, Frankfurt/M. u. a. 1978; E. S. Gerstenberger (u. W. Schrage), Frau und Mann, Biblische Konfrontationen, Stuttgart u. a. 1980.

153 Vgl. dazu Crüsemann, a.a.O. (o. Anm. 135) 42ff.

153a Vgl. dazu z. B. S. E. Loewenstamm, The Laws of Adultery and Murder in Biblical and Mesopotamian Law, in: ders., Comparative Studies in Biblical and Ancient Literatures, AOAT 204, Kevelaer/Neukirchen 1980, 146–153; ders., The Laws of Adultery and Murder in the Bible, ebd. 171f; H. McKeating, Sanctions against Adultery in Ancient Israelite Society, with some Reflections on Methodology in the Study of Old Testament Ethics, JSOT 11, 1979, 57–72.

154 Vgl. dazu o. S. 31f, 60.

155 Das Verbot des Diebstahls im Dekalog, KlSchr. I, München 1953, 333–340.

156 Vgl. H. Klein, Verbot des Menschendiebstahls im Dekalog? Prüfung einer These Albrecht Alts, VT 26, 1976, 161–169, bes. 161 Anm. 2 mit Hinweisen auf Aufnahme der These in Katechismen.

157 Mechilta Bachódesch 8; deutsch Petuchowski, a.a.O. (o. Anm. 7)

111f; Vgl. dazu a. B. S. Jackson, Theft in early Jewish Law, Oxford 1972, bes. 148f.

158 V. Hamp, Art. *gānab*, ThWAT II, 1977, Sp. 44. Zur Widerlegung vgl. a. Jackson, a.a.O. (o. Anm. 157); Klein, a.a.O. (o. Anm. 156).

159 Vgl. I. L. Seeligmann, Zur Terminologie für das Gerichtswesen im Wortschatz des biblischen Hebräisch, VT.S 16, 1967, bes. 262f; C. van Leeuwen, Art. *ʿēd* Zeuge, THAT II, 1976, bes. Sp. 212ff. Zum Gebot vgl. a. H. J. Stoebe, Das achte Gebot (Exod. 20 v. 16), WuD NF 3, 1952, 108–126.

160 Zu Text u. Übers. vgl. H. Wildberger, Jesaja, BK X/1, 1972, 176ff.

161 Zu Text u. Übers. vgl. H. W. Wolff, Dodekapropheton 4. Micha, BK XIV/4, 1982, 59ff.

162 Vgl. dazu W. L. Moran, The Conclusion of the Decalogue, CBQ 29, 1967, 543–554; zuletzt vor allem sehr ausführlich und mit neuen Argumenten: F.-L. Hossfeld, Der Dekalog (o. Anm. 29) 87–140.

163 Zu »Haus« vgl. a. E. Jenni, Art. *bájit* Haus, THAT I, 1971, 308–313; H. A. Hoffner, Art. *(bájit)*, ThWAT I, 1973, 629–638. Zu beachten ist vor allem daß »Haus« nichtnur die Gesamtheit des materiellen Besitzes umschreiben kann, sondern auch »Familie« heißt.

164 Vgl. bes. Zimmerli, Das zweite Gebot (o. Anm. 90).

165 Ist die These richtig, daß im jetzigen Gesamtaufbau Fremdgötter- und Bilderverbot genau so zusammengehören wie die beiden Begehrensverbote, müßte von hier aus die Zählung der »zehn Worte« neu überlegt werden. Von da aus ergäbe sich eine starke Unterstützung der traditionell jüdischen Zählung, wo der Prolog als 1. Wort zählt und Fremdgötter- und Bilderverbot genau so zusammengehören wie die beiden letzten. Vgl. dazu B. Baentsch, Exodus-Leviticus-Numeri, HK I/2, Göttingen 1903, 179; B. Reicke, Die zehn Worte in Geschichte und Gegenwart. Zählung und Bedeutung der Gebote in den verschiedenen Konfessionen, BGBE 13, 1972; H. Schüngel-Straumann, Der Dekalog (o. Anm. 18) 7ff; zuletzt bes. M. D. Koster, The Numbering of the Ten Commandments in some Peshita Manuscripts, VT 30, 1980, 468–473.

166 Zuerst J. Herrmann, Das zehnte Gebot, Festschr. E. Sellin, Leipzig 1927, 69–82.

167 G. Wallis, Art. *ḥāmad*, ThWAT II, 1977, Sp. 1023, zum Dekaloggebot ausführlich ebd. 1026ff mit Widerlegung von Versuchen, das Verb auf innere Vorgänge zu beschränken (etwa J. R. Coates, Thou shalt not covet, ZAW 52, 1934, 238f; B. S. Jackson, Liability for mere Intention in Early Jewish Law, HUCA 42, 1971, 197–225 = ders., Essays in Jewish and Comparative Legal History, SJLA 10, Leiden 1975, 202–234); vgl. a. E. Gerstenberger, Art. *ḥmd* begehren, THAT I, 1971, 579–581.

168 Ganz unwahrscheinlich ist die These von C. H. Gordon, A Note on

the Tenth Commandment, JBR 31, 1963, 208f, es gehe ausschließlich um eine antikanaanäische Einstellung, weil in den Ugarittexten von Baal berichtet wird, er »begehre«.

169 Das ist die These von B. Lang, »Du sollst nicht nach der Frau eines anderen verlangen«. Eine neue Deutung des 9. und 10. Gebots, ZAW 93, 1981, 216–224; vgl. bes. Codex Hammurabi § 133–135; Mittelassyrische Gesetze § 45 (dt. Übers. jetzt in: Texte aus der Umwelt des Alten Testamentes, I/1, Gütersloh 1982). Die These trifft sicher einen möglichen Aspekt des Gebotes, vielleicht läßt sich mit dieser Auslegung sogar die dtn Fassung mit der Voranstellung der Frau aus der bes. Situation der Exilszeit begründen. Aber es ist kaum sachgemäß, das bewußt offen und weit formulierte Gebot auf eine einzige Möglichkeit einzuschränken.

170 Vgl. bes. 2Kön 4,1; Ps 109,11; das Verb wird – anders als *lwh* – immer negativ gebraucht und niemals von Gott ausgesagt. Es scheint – mindestens teilweise – Fachausdruck für mit der antichretischen Pfandnahme verbundenes Leihen (vgl. H. Weil, Gage et cautionnement dans la Bible, AHDO 2, 1938, 176–198; außerdem Kippenberg, a.a.O. 57ff).

171 Dazu vgl. jetzt I. Cardellini, Die biblischen »Sklaven«-Gesetze im Lichte des keilschriftlichen Sklavenrechts, BBB 55, Königstein/Ts. 1981.

172 Vgl. Hossfeld, der Dekalog (o. Anm. 29) 136–140.

173 Das kann an dieser Stelle wie einiges andere über diese Rechtsbücher Gesagte nur behauptet werden; für Einzelheiten muß ich auf eine geplante größere Arbeit verweisen.

174 Sie beginnt im Grunde bereits in der redaktionsgeschichtlichen Verankerung im alttestamentlichen Kontext (vgl. nur E. W. Nicholson, The Decalogue as the direct address of God, VT 27, 1977, 422–433), die viel von der späteren Auslegungsgeschichte bestimmt. Leider muß auf eine Darstellung der damit gegebenen Probleme hier verzichtet werden.